# アンブッシュ・マーケティング規制法

Anti Ambush-Marketing Legislation

著名商標の顧客誘引力を
利用する行為の規制

足立 勝 ● 著

創耕舎

## 刊行にあたって

　著名又は周知な商標が、第三者の事業や商品・役務の広告活動に利用されること、いわゆる著名又は周知な商標へのただ乗り行為があるが、これらの行為を規制するためには、その使用態様がいわゆる「商標的としての使用」又は「商品等表示としての使用」、すなわち出所表示機能を果たす態様の使用でなければならないと言われている。

　他方で、「オリンピック」の言葉やマークなどは、商業的な使用は禁止されていると一般に理解されている。

　そこで、不正競争防止法17条の定めを確認してみると、確かに不正競争防止法17条は、その表題に商業上の使用禁止との表題が付されている。同条は、1958年のパリ条約リスボン改正条約で導入された6条の3(1)(b)及び(c)に対応するために、昭和40年改正で新設された旧法4条の2を引き継いだ規定であり、若干の修正をしつつ、平成5年改正では10条として、平成17年改正では17条として現在に至っていることがわかる。同条で規制されているのは、国際機関を表示する標章であって「不正競争防止法第16条第1項及び第3項並びに第17条に規定する外国の国旗又は国の紋章その他の記章及び外国の政府若しくは地方公共団体の監督用若しくは証明用の印章又は記号並びに国際機関及び国際機関を表示する標章を定める省令」(制定当時は、「不正競争防止法第9条第1項及び第3項並びに第10条に規定する外国の国旗又は国の紋章その他の記章及び外国の政府若しくは地方公共団体の監督用若しくは証明用の印章又は記号並びに国際機関及び国際機関を表示する標章を定める省令」)(平成6年4月19日通商産業省令36号)により定められたものが、保護対象となる。また、平成5年改正により、政府間国際機関の標章に限定せず、民間国際機関の標章も保護対象となっている。

　その結果、民間国際機関である「国際オリンピック委員会」(以下、「IOC」という)の標章についても、上記省令により平成6年4月19

日に、「国際オリンピック委員会」、「INTERNATIONAL OLYMPIC COMMITTEE」、「IOC」、「オリンピック・シンボル（5つのリング図柄）」、「オリンピック・シンボル旗」の5つの標章が指定されている（平成6年4月19日官報号外第73号）。また、「国際パラリンピック委員会」の標章は、平成25年2月25日に、「国際パラリンピック委員会」、「INTERNATIONAL PARALYMPIC COMMITTEE」、「IPC」、「パラリンピック・シンボル」(2004年以降使用されているもの)、「パラリンピック・シンボル旗」の5つの標章が指定されている（平成25年2月25日官報号外第35号）。

但し、法17条により使用が制限されているのは、「国際機関と関係があると誤認させるような方法」で、上記省令により定められた国際機関を表示する標章と同一若しくは類似のもの（「国際機関類似標章」という）を、「商標として使用」する行為である。つまり、仮に「国際機関と関係があると誤認させるような方法」での使用であったとしても、国際機関類似標章ではないものを使用する場合や、国際機関類似標章であっても商標として使用ではない場合には、いずれも規制対象とはならない。

また、「オリンピック」「Olympic」「TOKYO2020」「パラリンピック」「Paralympic」などの標章は省令では定められていない。そのため、これらの標章を使用したとき、不正競争防止法2条1項各号に定める不正競争行為に該当する場合は所定の民事的救済手段の対象になり得るが、現時点で法17条による規制を受けるのかは必ずしもはっきりしない。

こうしてみると、「オリンピック」の言葉やマークなどについて一般に理解されていることについて、必ずしも法的な根拠は存在していないように思われる。

こうした我が国の状況とは別に、各国においてオリンピックなどの大規模なイベントなどを保護するために、様々なただ乗り行為であるアン

ブッシュ・マーケティング活動を規制する「アンブッシュ・マーケティング規制法」と呼ばれる法律が制定されている（アンブッシュ・マーケティング活動やその規制法の詳細は本書第2章参照）。

筆者は、「著名商標の保護について－アンブッシュマーケティング規制の検討を中心に」日本大学知財ジャーナル6号33頁（2013年3月）、「2020年東京オリンピック開催決定と知財法業界への新たな課題」早稲田大学知的財産法制研究センター・ウエブサイト（http://www.rclip.jp）（2013年9月掲出）、「アンブッシュ・マーケティングの法的問題」ビジネスロー・ジャーナル76号（2014年5月）、「オリンピック開催とアンブッシュ・マーケティング規制法」日本知財学会誌11巻1号（2014年9月）との発表をしてきているなかで、民間機関が主催・運営する大規模イベントのために各国で制定された「アンブッシュ・マーケティング規制法」の一部について段階的に分析するとともに、その制定の背景、必要性や許容性について検討し、2020年東京オリンピック開催に向けての課題を指摘している。

本書は、既に発表したこれらの内容を発展させ、早稲田大学大学院法学研究科博士課程において研究した学位取得論文「周知・著名商標の顧客吸引力の利用行為について〜アンブッシュ・マーケティング規制を参考に〜」を基礎にまとめたものである。各国で制定されている「アンブッシュ・マーケティング規制法」を参照しつつ、冒頭で述べた著名又は周知な商標の保護のあり方について検討した結果をまとめた。また、我が国においても、2020年東京オリンピックのために同様の法が制定される可能性があり、その立法化検討にあたっての提言もしている。

本書が、将来の法制に貢献できるとしたら、望外の幸せである。

本書の刊行にあたり、ご指導を頂いた髙林龍教授をはじめ様々な助言を頂いた先生方、研究室の皆さん、本書の編集に携わって頂いた若林達哉さんに、感謝申し上げます。

足 立 　 勝

◇ 著者紹介 ◇

# 足立　勝（あだち　まさる）

<プロフィール>
- 米国ニューヨーク州弁護士、博士（法学・早稲田大学）外資系大手飲料企業にてディレクター＆シニア・リーガルカウンセルを務めた後、2015 年 5 月より外資系大手製薬企業所属（2015 年 12 月現在　執行役員　法務部長）
- 早稲田大学 知的財産法制研究所 招聘研究員（2015 年 4 月～）
- 日本商標協会 理事（2005 年～　なお 2009 年 5 月～ 2015 年 5 月の間、常務理事を務める）
- 日本弁理士会 中央知的財産研究所 会員外研究員（2012 年 12 月～）
- 日本マーケティング学会「ブランドとコミュニケーション」プロジェクトメンバー（2012 年 11 月～）

<主要著書・論文>
書籍
- 小野昌延・山上和則・松村信夫編『不正競争の法律相談』（青林書院・近刊）（共著）（「第 10 節　外国の国旗等や国際機関の標章の使用行為（第 16 条・17 条）」執筆担当）
- 田中洋編『ブランド戦略全書』（有斐閣・2014）（共著）（「第 9 章　知財視点のブランド・マネジメント　～商標法・不正競争防止法で保護されるための『出所』表示～」（183-205 頁）執筆担当）
- 小林十四雄・小谷武・足立勝編『最新判例からみる商標法の実務 2012』（青林書院・2012）（共編著）（「JIL 事件」（25-33 頁）、「ゴルチエ・クラシック香水瓶立体商標事件」（95-105 頁）執筆担当）
- 小林十四雄・小谷武・西平幹夫編『最新判例からみる商標法の実務』（青林書院・2006）（共著）（「立体商標の識別性　立体商標『角瓶』事件」（64-72 頁）執筆担当）

論文等
- 「商標的使用と意匠的使用」別冊パテント 14 号（2016 年 2 月予定）
- 「2015 年学説の動向　不正競争・商標・意匠」高林龍ほか編『年報　知的財産法 2015』（2015 年 12 月予定）
- 「講演録 企業における秘密管理の実務について」知的財産法政策学研究 47 号（2015 年 12 月予定）

- 「2014 年学説の動向　不正競争・商標・意匠」高林龍ほか編『年報　知的財産法 2014』（2014）
- 「オリンピック開催とアンブッシュ・マーケティング規制法」日本知財学会誌 11 巻 1 号（2014）
- 「アンブッシュ・マーケティングの法的問題」ビジネスロー・ジャーナル 76 号（2014）
- 「商標法と著作権法の交錯　－音の商標の導入を意識して－」別冊パテント 11 号（2014）
- 「2013 年学説の動向　不正競争・商標・意匠」高林龍ほか編『年報　知的財産法 2013』（2013）
- 「2020 年東京オリンピック開催決定と知財法業界への新たな課題」早稲田大学知的財産法制研究センターウェブサイトコラム（2013 年 9 月 17 日掲出）
- 「著名商標の保護について～アンブッシュマーケティング規制の検討を中心に～」日本大学知財ジャーナル 6 号（2013）
- 「2012 年学説の動向　不正競争・商標・意匠」高林龍ほか編『年報　知的財産法 2012』（2012）
- 「企業におけるブランド・マネジメント」知財研フォーラム 91 号（2012）
- 「ブランドを守るということ　著名ブランドの保護について」ビジネスロー・ジャーナル 16 号（2009）
- フランク I. シェヒター著「商標保護の理論的根拠（The Rational Basis of Trademark Protection（1927））」（共訳）日本商標協会誌 68 号（2009）
- 「立体的形状のみから成る商標の登録」Law & Technology 42 号（2008）
- 「Coke sets precedent in Japan」（共同執筆）World Trademark Review issue15（2008）
- 「ブランド価値評価委員会中間報告」（共同執筆）日本商標協会誌 66 号（2008）
- 「ブランドと稀釈化（ダイリューション）について」日本商標協会誌 64 号（2007）他

## 所属学会等

日本工業所有権法学会、著作権法学会、国際知的財産保護協会（AIPPI）、国際著作権法学会（ALAI）、日本知財学会、日本マーケティング学会

## 凡例

判例を示す場合「判決」⇒「判」、「決定」⇒「決」と略した。裁判所の表示・判例の出典については次のア、イに掲げる略語を用いた。

### ア 裁判所名略語

| | |
|---|---|
| 最 | 最高裁判所 |
| ○○高 | ○○高等裁判所 |
| ○○地 | ○○地方裁判所 |

### イ 判例集出典略語

| | |
|---|---|
| 無体裁集 | 無体財産権関係民事・行政裁判例集 |
| 判タ | 判例タイムズ |
| 判時 | 判例時報 |
| 民集 | 最高裁判所民事判例集 |
| 刑集 | 最高裁判所刑事判例集 |

# 目 次

● 刊行にあたって

## 1. はじめに
### 1.1 問題意識 ………………………………………………………… 2
### 1.2 我が国の法制度の現状 ………………………………………… 4
　1.2.1 商標法・不正競争防止法による保護 ……………………… 4
　1.2.2 不法行為による保護 ………………………………………… 6
### 1.3 本稿の構成及び検討の視点 …………………………………… 7

## 2. 各国で制定されている「アンブッシュ・マーケティング規制法」
### 2.1 アンブッシュ・マーケティングとは ………………………… 14
　2.1.1 アンブッシュ・マーケティングの定義 …………………… 14
　2.1.2 アンブッシュ・マーケティング活動の主なタイプ ……… 16
### 2.2 オリンピック関係 ……………………………………………… 21
　2.2.1 ナイロビ条約 ………………………………………………… 21
　2.2.2 オーストラリア ……………………………………………… 22
　2.2.3 中国 …………………………………………………………… 25
　2.2.4 カナダ ………………………………………………………… 26
　2.2.5 英国 …………………………………………………………… 27
　2.2.6 ロシア ………………………………………………………… 29
　2.2.7 ブラジル ……………………………………………………… 30
　2.2.8 その他のオリンピック開催国 ……………………………… 32
　2.2.9 小括 …………………………………………………………… 32
### 2.3 FIFA ワールドカップ ………………………………………… 33
　2.3.1 南アフリカ …………………………………………………… 34
　2.3.2 ブラジル ……………………………………………………… 34
　2.3.3 韓国・ロシア ………………………………………………… 36
　2.3.4 小括 …………………………………………………………… 36
### 2.4 コモンウェルスゲーム（Commonwealth Games） ………… 37

2.4.1　オーストラリア･････････････････････････････････････････38
　　　　2.4.1.1　2006年コモンウェルスゲーム･･････････････････････38
　　　　2.4.1.2　2018年コモンウェルスゲーム･･････････････････････39
　　　　2.4.1.3　小括･･････････････････････････････････････････41
　　2.4.2　英国･････････････････････････････････････････････････41
　　2.4.3　小括･････････････････････････････････････････････････43
　2.5　**イベント主催者とは無関係に立法された例**･････････････････････44
　　2.5.1　米国･････････････････････････････････････････････････44
　　2.5.2　ニュージーランド･････････････････････････････････････46
　　2.5.3　小括･････････････････････････････････････････････････49
　2.6　**その他の法**････････････････････････････････････････････････50
　　2.6.1　オーストラリア：自動車レース等のための州法･････････････50
　　　　2.6.1.1　オーストラリアグランプリ（アデレード大会）･･･････50
　　　　2.6.1.2　クイーンズランドにおける自動車レース･････････････51
　　　　2.6.1.3　オーストラリアグランプリ（メルボルン大会）･･･････51
　　　　2.6.1.4　シドニーにおける自動車レース････････････････････52
　　　　2.6.1.5　大規模スポーツイベントのための州法･･･････････････53
　　　　2.6.1.6　小括･･････････････････････････････････････････53
　　2.6.2　米国：NFL（National Football League）スーパーボウル開催のための条例･･･54
　　　　2.6.2.1　NFLスーパーボウル開催のための条例･･･････････････54
　　　　2.6.2.2　小括･･････････････････････････････････････････56
　2.7　**小括**･････････････････････････････････････････････････････57

# 3. 各国の「アンブッシュ・マーケティング規制法」制定の背景

　3.1　**「アンブッシュ・マーケティング規制法」制定の必要性**････････････68
　　3.1.1　オリンピック･････････････････････････････････････････68
　　3.1.2　FIFA ワールドカップ･････････････････････････････････72
　　3.1.3　コモンウェルスゲーム (Commonwealth Games)･････････76
　　3.1.4　NFL スーパーボウル･･････････････････････････････････79
　　3.1.5　イベント主催者が「アンブッシュ・マーケティング規制法」を要請する背景････82
　3.2　**「アンブッシュ・マーケティング規制法」制定の許容性**････････････85
　　3.2.1　競争法･･･････････････････････････････････････････････85
　　　　3.2.1.1　オーストラリア競争法･･････････････････････････85

3.2.1.2 ロシア競争法 ･･････････････････････････････････ 88
3.2.2 パッシングオフ (Passing Off) の法理 ･･････････････････ 89
　3.2.2.1 コモンロー上のパッシングオフ ･････････････････ 89
　3.2.2.2 アメリカ商標法（ランハム法）･･･････････････････ 91
　3.2.2.3 アメリカ統一欺瞞的取引慣行法 (Uniform Deceptive Trade Practice Act) ･･･ 94
　3.2.2.4 カナダ商標法 ･････････････････････････････････ 95
　3.2.2.5 小括 ･････････････････････････････････････････ 97
3.2.3 不正な商業行為に対する規制 ････････････････････････ 98
　3.2.3.1 不正商業行為に関する欧州指令 ･････････････････ 98
　3.2.3.2 フランス不正競争法 ･･･････････････････････････ 100
　3.2.3.3 ドイツ不正競争防止法 ･････････････････････････ 100
　3.2.3.4 中国反不正当競争法 ･･･････････････････････････ 101
　3.2.3.5 ブラジル産業財産法 ･･･････････････････････････ 102
　3.2.3.6 小括 ･････････････････････････････････････････ 104
3.2.4 パリ条約 10 条の 2 ･････････････････････････････････ 104
3.2.5 小括 ･････････････････････････････････････････････ 106

**Column 2020 東京オリンピックエンブレム問題について** ････････ 115

# 4. 我が国における「アンブッシュ・マーケティング規制法」制定の可能性

**4.1 商標法・不正競争防止法 2 条 1 項 1 号及び 2 号、同法 17 条** ･･･ 120
　4.1.1 適用対象 ･････････････････････････････････････････ 120
　4.1.2 「出所表示機能を果たす態様」とは ･････････････････ 121
　4.1.3 適用の限界 ･･･････････････････････････････････････ 122
**4.2 不正競争防止法の誤認惹起行為** ････････････････････････ 123
　4.2.1 不正競争防止法 2 条 1 項 13 号（誤認惹起行為）･･･････ 123
　4.2.2 不正競争防止法の誤認惹起行為に関する裁判例 ･･･････ 124
　4.2.3 間接的に品質、内容等を誤認させる表示 ･････････････ 127
　4.2.4 アンブッシュ・マーケティング規制法の基礎になり得るか ･･･ 128
**4.3 景品表示法** ･････････････････････････････････････････ 130
　4.3.1 景品表示法の概要 ･････････････････････････････････ 130
　4.3.2 景品表示法制定の経緯 ･････････････････････････････ 130
　4.3.3 アンブッシュ・マーケティング規制法の基礎になり得るか ･･･ 132
**4.4 独占禁止法** ･････････････････････････････････････････ 133

  4.4.1　独占禁止法に基づく不公正な取引方法 ･････････････････ 133
  4.4.2　アンブッシュ・マーケティング規制法の基礎になり得るか ･･･････ 136
 **4.5　小括** ･････････････････････････････････････････････････ 137

## 5. 我が国における「アンブッシュ・マーケティング規制法」制定の検討

 **5.1　2020年東京オリンピック** ･････････････････････････････････ 144
  5.1.1　前提の確認 ･････････････････････････････････････････ 144
  5.1.2　立法の順序 ･････････････････････････････････････････ 145
 **5.2　2020年東京オリンピックのための規制法の必要性と許容性** ･･････････ 146
 **5.3　2020年東京オリンピックのための「アンブッシュ・マーケティング規制法」** ･･･ 148
 **5.4　普遍的に適用される法令の提言** ･･････････････････････････････ 155

## 6. 結語 ････････････････････････････････････････････････････ 161

- 参考文献リスト ･････････････････････････････････････････････ 166
- 事項別索引 ･･･････････････････････････････････････････････ 179
- 裁判年月日別索引 ･･･････････････････････････････････････････ 183

# 1

はじめに

## 1.1 問題意識

　ビジネスにおいて、ブランドが担う役割が大きくなっていることは否定できない。このブランドとは、ブランドを用いて事業等を行う側から見ると、自社商品・サービスを需要者に選択してもらう目的のために、需要者の心の中に自社商品・サービスが提供する価値を連想させる道具であり、需要者側から見ると、購入のための目印にとどまらずに、提供される価値への共感や安心感など、商品・サービス購入の際の重要な選択根拠のひとつということになる。

　ブランドのこうした機能を発揮させるために、様々なブランド要素（主なものとして、ネーム、ロゴ・シンボル、キャラクター、スローガン・キャッチコピー、ジングル、パッケージがあるが、これらに限られるものではない）が使用される。ブランドが連想させようとする価値を伝達するために使用され、機能するものであればブランド要素になり得るので、例えば、色又は色の組み合わせ、香り、特定の動作等も考えられる。ブランドとは、こういった複数のブランド要素により構成されている。

　これらブランド要素それぞれが商標になり得る(注1)。すなわち、需要者からは、個々のブランド要素を見れば、少なくとも他のものと区別されたものであると認識できる（そのブランド保有者の名まで認識できる場合もある）のである。

　こうしたなかで、広告主のものではない有名なブランド要素（ブランドロゴ・シンボルなど）すなわち商標が使用されている広告などを目にすることがある。有名なブランド要素の顧客誘引力に期待しての利用である。

　よく挙げられる事例としては、ウイスキーの広告で、ロールス・ロイスの車体が使われたという事例（ドイツ連邦通常裁判所 1982 年 12 月 9 日判決［Rolls-Royce 事件］（ICC　Vol.15　pp240-242））がある。この事件は、「広告会社（被告）がアメリカのウイスキー「Jim Beam」の広告を雑誌に全面カラーで掲載した。その際、ウイスキーの背景にロールス・ロイスを置いたため、ロールス・ロイスのメルクマールである「Flying Lady」、「RR」のエンブレム、ギリシャ神殿のようなラジエター・グリルも写真に写った。そこ

でロールス・ロイスの製造会社が、不正競争防止法1条等に基づいて、広告会社に差止めを求めた。地方裁判所は差止めを容認した。連邦通常裁判所は、被告の跳躍上告を棄却した。自己の商品を売り込むために他人の名声を利用することは、競争関係の有無にかかわらず、不正競争防止法1条の意味における良俗違反であると、判示した」(注2)という事件である(注3)。

　我が国においても、訴訟として表面化していないだけで、同様の事例は実際に発生している。筆者が実際に見聞きした事例のなかから、代表的なものとしていくつか揚げる。

① これから建設される分譲マンションの広告に、マンションの完成予想図とともに、高級自動車メーカーの有名なロゴ・シンボルが付された自動車をコンピューターグラフィックで描いていた事案。
② アパレルメーカーの広告に、清涼飲料水メーカーの有名なガラスボトル（パッケージ）を模して描いて使用していた事案。
③ ホテルの広告に、有名香水メーカーの香水製品（ロゴは見えないが、パッケージの形状から当該香水メーカーのものと確認できる）が洗面台に並んでいる写真を用いていた事案。
④ 自動車用タイヤの広告に、高級自動車メーカーの有名なシンボルが明確に見える態様で自動車を使用していた事案。
⑤ 写真フィルムの広告に、清涼飲料水メーカーの有名なガラスボトル（パッケージ）を割った多くの欠片を使用した事案。

　少なくとも、上記の事案のうち②乃至⑤については、利用された側が抗議をしたとの情報を得ている。

　これらは、いずれの場合も、広告をしている者の商品やサービスの製造・販売者又は提供者の表示として、他人のブランドロゴ・シンボル等のブランド要素を使用しているわけではなく、当該ブランドロゴ・シンボル等ブランド要素の顧客誘引力を利用しているものである。これらの場面で、当該ブランドを保有する者はどのような保護が得られるのだろうか。

## 1.2 我が国の法制度の現状

上記の事例において、我が国においてブランド保有するものがどのような法により保護されるのか、現状を簡単に確認する。

### 1.2.1 商標法・不正競争防止法による保護

まずは、商標法による保護及び不正競争防止法2条1項1号・2号による保護についてである。先のドイツの事例について「日本では、不正競争防止法に一般条項はなく、そのような態様で使用されても商標として使用していたり、あるいは自己の商品等表示としてビール会社が使用していたりするわけでもないので、商標権侵害に当たらないのはもちろんのこと、不正競争防止法2条1項1号や2号でも禁止されない」(注4)との見解があるとおり、我が国においては、商標としての使用であるのか、商品等表示としての使用であるのかという点が、ポイントとなる。

ブランド保有者が商標法による保護を得られるときとは、第三者による使用が「商標としての使用」(出所表示機能を果たす態様の使用)の場合である。商標としての使用が問題になった判例としては、テレビまんが事件(東京地判昭和55年7月11日無体裁集12巻2号304頁(昭和53(ワ)255号))、POS事件(東京地判昭和63年9月16日無体裁集20巻3号444頁(昭和62(ワ)9572号))、F1モデルカー用シール事件(東京地判平成5年11月19日判タ844号247頁(平成5(ワ)5655号))、ブラザーインクリボン事件(東京高判平成17年1月13日(平成16年(ネ)3751号)、原審は東京地判平成16年6月23日判時1872号109頁(平成15年(ワ)29488号))などが挙げられる。また、最近であれば、ドーナツクッション事件(知財高判平成23年3月28日判時2120号103頁(平成22年(ネ)10084号)、原審は東京地判平成22年10月21日判時2120号112頁(平成21年(ワ)第25783号)))、クイックルック事件(東京地判平成23年5月16日(平成22年(ワ)18759号))もある。商標権侵害と認められるには「商標としての使用(出所表示機能を果たす態様の使用)」が必要であるとされるようになった経緯については、本稿の目的から

やや外れるので立ち入ることはしないが、上記の判決の源は、墨汁Peacock事件最高裁判決（最判昭和39年6月16日民集18巻5号774頁）にて「商標の本質は、商品の出所の同一性を表彰することにもある」としたことにあるように思われる(注5)。

次に、不正競争防止法によりブランド保有者が保護を得られるときとは、第三者の使用が「商品等表示としての使用」（出所表示機能を果たす態様の使用）の場合となる。判例としては、ベレッタ事件控訴審（東京高判平成15年10月29日（平成12年(ネ)3780号、3781号、3810号）、原審は東京地判平成12年6月29日判時1728号101頁（平成10年(ワ)21508号））、堤人形事件(仙台地判平成20年1月31日判タ1299号283頁(平成15年(ワ)683号))、ドーナツクッション事件(知財高判平成23年3月28日判時2120号103頁(平成22年(ネ)10084号)、原審は東京地判平成22年10月21日判時2120号112頁（平成21年(ワ)第25783号））などがある。

すなわち、商標法、不正競争防止法のいずれによる保護を考える場合も、現状では、出所表示機能を果たしている態様の使用に対してのみ、権利行使できるということになる。すなわち、冒頭の事例では、ブランド保有者は保護を得るのは簡単ではないと思われる。

なお、冒頭の事例でブランド保有者の保護を考える方策のひとつとして、商標としての使用・商品等表示としての使用の意味するところを改めて探求することがある。商標としての使用・商品等表示としての使用について、検討されたものが数多く存在する(注6)。これらの論考により、商標としての使用・商品等表示としての使用とは、出所表示機能を果たしている態様での使用かどうかを問う概念であることも明確になってきている。また、どのような使用態様が、出所表示機能を果たす態様なのかとの研究も進んできている(注7)。しかしながら、その出所表示機能という場合の「出所」とは何をいうのか、どの範疇までを含むものであるのかについて、定かではない(注8)。この「出所」の意味することについて深く検討し、その上で、実際の使用態様に基づいて出所表示機能を果たす態様であるのか否かを判断するということである。この点については、筆者は別途検討の上発表しているが(注9)、本稿でも必要に応じて述べる。

## 1.2.2 不法行為による保護

「商標としての使用」・「商品等表示としての使用」の法理の存在のために商標法や不正競争防止法による保護が得られない場合でも、不法行為で対処することができるとの考え方もあり得る。

しかしながら、いわゆるモノのパブリシティに関して判断したギャロップレーサー事件最高裁判決（最判平成16年2月13日民集58巻2号311頁）からすると、法令等の根拠がない限り、差止請求や不法行為に基づく損害賠償は認められないように思われる。ギャロップレーサー事件最高裁判決では、「現行法上、物の名称の使用など、物の無体物としての面の利用に関しては、商標法、著作権法、不正競争防止法等の知的財産権関係の各法律が、一定の範囲の者に対し、一定の要件の下に排他的な使用権を付与し、その権利の保護を図っているが、その反面として、その使用権の付与が国民の経済活動や文化的活動の自由を過度に制約することのないようにするため、各法律は、それぞれの知的財産権の発生原因、内容、範囲、消滅原因等を定め、その排他的な使用権の及ぶ範囲、限界を明確にしている。上記各法律の趣旨、目的にかんがみると、競走馬の名称等が顧客誘引力を有するとしても、物の無体物としての面の利用の一態様である競走馬の名称等の使用につき、法令等の根拠もなく競走馬の所有者に対し排他的な使用権等を認めることは相当ではなく、また、競走馬の名称等の無断利用行為に関する不法行為の成否については、違法とされる行為の範囲、態様等が法令等により明確になっているとはいえない現時点において、これを肯定することはできない」（下線は筆者による）と述べている。なお、パブリシティ権は、法令上の規定はないものの、最三小判昭和63年2月16日民集42巻2号27頁、最大判昭和44年12月24日刑集23巻12号1625頁、最一小判平成17年11月10日民集59巻9号2428頁）を根拠として、人格権に基づくものとして認められるものと一般に理解されている。（ピンクレディ振付け事件（最一小判平成24年2月2日）も参照）。

また、著作権に関する判例であるが、北朝鮮映画著作権事件最高裁判決（最判平成23年12月8日民集65巻9号3275頁）からも、前述の事案について、不法行為と認定される可能性は必ずしも高くないように思われる。北朝鮮映

画著作権事件最高裁判決は、「著作権法は、著作物の利用について、一定の範囲の者に対し、一定の要件の下に独占的な権利を認めるとともに、その独占的な権利と国民の文化的生活の自由との調和を図る趣旨で、著作権の発生原因、内容、範囲、消滅原因等を定め、独占的な権利の及ぶ範囲、限界を明らかにしている。同法により保護を受ける著作物の範囲を定める同法6条もその趣旨の規定であると解されるのであって、ある著作物が同条各号所定の著作物に該当しないものである場合、当該著作物を独占的に利用する権利は、法的保護の対象とはならないものと解される。したがって、<u>同条各号所定の著作物に該当しない著作物の利用行為は、同法が規律の対象とする著作物の利用による利益とは異なる法的に保護された利益を侵害するなどの特段の事情がない限り、不法行為を構成するものではないと解するのが相当である</u>」（下線は筆者による）としており、この最高裁判決の射程は、かなり広いのではないかと思われる。すなわち、商標法や不正競争防止法が制定されているなか、これらの法の規律するものとは異なる「法的に保護された利益を侵害する場合などの特別な事情」とは、かなり限定的な場面なのではないかと思われる。

## 1.3 本稿の構成及び検討の視点

　こうしてみると、本章冒頭で取り上げた事例について、商標としての使用又は商品等表示としての使用に該当しない限り、ブランド保有者が保護を求めるのは難しいように思える。

　もちろん、立場によって、これらの事案について見方は当然異なるものとなろう。ブランドを保有する者にとっては、需要者が自社商品・役務を識別する識別力の低下のリスク、自社商標が普通名称のように扱われるリスクの増大、自社商品・役務への信用、評判への悪影響を懸念することになる。しかしながら、他方で、他人のブランドロゴ等を利用する者にとっては、自由競争原理としての自由の享受という主張がされることになろう。また、需要者にとっては、ブランド保有者が関わりを有しているとの誤認が生じ、それほど長い時間ではなくとも、商品・役務の選択において無駄な時間を費や

れるとの声がある一方で、商品・役務の選択の多様性を享受できるきっかけになるとの意見もあるかもしれない。

ただ、我が国の現状の制度では、商標としての使用又は商品等表示としての使用に該当しない限り、ブランド保有者は保護が得られないということになりそうである。それははたして適切であるのか疑問であり、立法による解決も含めて検討が必要であると考える。

最近、オリンピックやFIFAワールドカップをはじめとした大規模スポーツイベントのために「アンブッシュ・マーケティング」を規制する法が各国で制定されている。「アンブッシュ・マーケティング」とは、次章で詳述するが、イベントのマークを使用していない場合でも当該イベントと関係するかのように表示することなどの活動をも含む活動である。これは大規模スポーツイベントが有する顧客誘引力を利用する行為である。こうしたアンブッシュ・マーケティングを規制する海外の法令及びその制定の経緯・背景を検証することで、問題意識としてここで掲げた事項について、我が国の法体系のなかであるべき姿につき示唆を得ることができると考える。

また、2020年に東京オリンピックが開催されることが2013年9月に決定したことからも、2020年東京オリンピック開催に向けて、海外の法令を検証することは意味があると考える。

そこで、次の第2章で、アンブッシュ・マーケティングとはどういった活動を指すのかという定義やその主なタイプはどのようなものであるのかも含め、各国で制定されているアンブッシュ・マーケティングを規制する法を確認する。第3章では、各国での法制定の経緯、背景及び許容性を検討する。その上で、第4章にて、我が国において、同様にアンブッシュ・マーケティングを規制する法を制定する可能性について検討する。第5章で、我が国の法体系においてアンブッシュ・マーケティングを規制する法を制定する場合について提言するとともに、冒頭で述べた問題意識に対する解決策を検討する。そして、第6章にて結語としてまとめる。

---

（注1） 拙稿「ブランドと稀釈化（ダイリューション）について」日本商標協会誌64号（2007）72頁、「ブランドを守るということ　著名ブランドの保護につ

いて」ビジネスロー・ジャーナル16号（2009）90-91頁。

　各ブランド要素を商標として使用するかどうか、各ブランド要素を、商標として登録するかどうかは、各事業者の判断による。また、各国の商標法によって、ブランド要素のなかで、商標登録できるものと登録できないものが存在する。我が国の商標法で、ネームに限らず、ロゴやシンボル、キャラクター、パッケージは、商標登録できる。ただ、ジングル（音楽）は2014年商標法改正により2015年4月より音の商標が登録可能になったが、それまでは登録することはできなかった。なお、商標審査基準によれば、スローガンは標語（キャッチフレーズ）に該当し登録できないが、前田健〔判批〕ジュリスト1446号106頁（塾なのに家庭教師事件）は、スローガンについて3条1項に該当し商標登録拒絶されるべき場面が多く、26条により保護範囲が狭く解されることもあるとしつつも、「スローガンである商標の使用は、商標的使用に該当することが原則と考えるべきである。スローガンも出所識別機能の一翼を担っており、それを否定するのは取引の実態に反する」と述べている。

**（注2）**　経済産業省商務情報政策局文化情報関連産業課「平成15年度経済的価値に着目した肖像の保護と利用に関する研究報告書」（2004）69頁〔渡邉修執筆〕。

**（注3）**　玉井克哉「フリーライドとダイリューション」ジュリスト1018号（1993）38頁でも、「広告はグラフ全頁大で、車のフェンダー上にテキサス風に装った男2人が座り、その傍ら別の3人が立っているという図柄を背景とし、前景にはウイスキーの瓶と二つのグラスが際立つように配されていた。車は前方から撮られていたため、フロント・グリルの模様、特有のラジュエーター・マーク、そして「RR」のエンブレムから、原告生産車であることは明らかであった」と紹介されている。

**（注4）**　田村善之・小嶋崇弘「商標法上の混同概念の時的拡張とその限界」第二東京弁護士会知的財産権法研究会編『ブランドと法』（商事法務・2010）。

　田村善之『不正競争法概説（第2版）』（有斐閣・2003）253頁では、「規制が必要であるほどの不利益がロールス・ロイスの側に発生しているのか、よく検討してみる必要があろう」と記述がある。

**（注5）**　土肥一史「比較広告における他人の登録商標の使用」『染野義信博士古希記念論文集工業所有権—中心課題の解明』（勁草書房・1989）256頁は、当該

最高裁判決が「にも」となっていることを指摘している。

(**注6**)「商標としての使用」について検討したものとして、田中俊次「商標権侵害訴訟の要件事実」西田美昭ほか編『民事弁護と裁判実務8　知的財産権』（ぎょうせい・1998）467頁、宇井正一「商標としての使用」牧野利秋編『裁判所実務大系9　工業所有権訴訟法』（青林書院・1985）430頁、大須賀滋「商標としての使用」清水利亮・本間崇編『実務相談工業所有権四法』（商事法務研究会・1994）413頁、飯田喜信〔判解〕『最高裁判所判例解説刑事篇平成12年度』（法曹会・2003）、司法研修所編『工業所有権関係民事事件の処理に関する諸問題』（法曹会・1995）121-122頁、網野誠「『商標の使用』の概念をめぐって」豊崎光衛先生追悼論文集『無体財産法と商事法の諸問題』（有斐閣・1981）、松本武彦「標章の使用態様と商標権侵害の成否」関西法律特許事務所開設二十五周年記念論文集『民事特別法の諸問題―第三巻―』（第一法規・1990）、辰巳直彦「商標の機能と商標権の権利構成についての一考察」F・K・バイヤー教授古稀記念論文集『知的財産と競争法の理論』（第一法規・1996）、後藤憲秋「商標権の侵害と出所表示機能を有しない態様での表示等の使用」特許法研究会（PLG）編富岡健一先生追悼『知的財産法の実務と研究』（六法出版社・1997）、榎戸道也「商標としての使用」牧野利秋＝飯村敏明編『新・裁判実務大系　知的財産関係訴訟法』（青林書院・2001）、芹田幸子「商標の使用」牧野利秋ほか編『知的財産法の理論と実務3　商標法・不正競争防止法』（新日本法規・2007）、金久美子「商標としての使用―侵害訴訟における解釈及びその問題点について―」知的財産研究所紀要（2010）等。

　比較的最近の論考では、青木博通「事実表記と商標の使用―他人の登録商標はどこまで使用できるか―」知財管理62巻10号1485頁がある。

　また、「商品等表示としての使用」について、田村善之『不正競争法概説（第2版）』（有斐閣・2003）82-83頁、井上由里子「パブリシティの権利の再構成―その理論的根拠としての混同防止規定―」『筑波大学大学院企業法学専攻十周年記念・現代企業法学の研究』（信山社・2001）149頁、堀江亜以子「パブリシティ価値の定義と『パブリシティの権利』の一試論」東京都立大学法学会雑誌44巻2号　渋谷達紀教授退職記念号（2004）298頁、経済産業省知的財産政策室編著『逐条解説不正競争防止法平成18年改正版』（有斐閣・2007）47頁がある。

(注7) 例えば、大西育子「商標と商品等表示の使用」パテント 62 巻 4 号（2009）149 頁、林いづみ「商標権の効力とその制限—商標法 25 条・26 条再考—」パテント 64 巻 5 号（2011）128 頁。

(注8) 渋谷達紀『知的財産法講義Ⅲ　第 2 版』(有斐閣・2008) 501 頁、蘆立順美「商標が付された商品の流通と商標機能論　商品の詰替・改変の事例を中心として」『関俊彦先生古稀記念　変革期の企業法』(商事法務・2011) 627 頁。なお、拙稿〔判批〕「JIL 事件」小林十四雄・小谷武・足立勝編『最新判例からみる商標法の実務Ⅱ 2012』（青林書院・2012）29 頁にて、JIL 事件を素材として検討している。また、筆者が日本商標協会判例研究部会（2012 年 4 月）で報告した際の資料が、同協会のホームページ（http://www.jp-ta.jp/）に掲出されている。

(注9) 拙稿「知財視点のブランド・マネジメント—商標法・不正競争防止法で保護されるための『出所』表示—」田中洋編『ブランド戦略全書』（有斐閣・2014）183-205 頁参照。あわせて拙稿〔判批〕「JIL 事件」小林十四雄・小谷武・足立勝編『最新判例からみる商標法の実務Ⅱ［2012］』（青林書院・2012）30 頁も参照されたい。

# 2

## 各国で制定されている
## 「アンブッシュ・マーケティング規制法」

## 2.1 アンブッシュ・マーケティングとは

### 2.1.1 アンブッシュ・マーケティングの定義

　アンブッシュ・マーケティングを規制する法を確認する前に、まずアンブッシュ・マーケティングとは何をいうか確認する。

　アンブッシュ・マーケティングとして最初に注目されたのは、1984年ロスアンゼルスオリンピックの際にカメラフィルムメーカーが行った活動であったと言われている。また、アンブッシュ・マーケティングの例としては、ドイツで開催された2006年FIFAワールドカップのオランダ対コートジボワール戦会場で、多数のオランダ人ファンが自国のビール会社の名前が書かれたズボンを着用して入場しようとしたという事案（共同通信社2006年6月17日配信。結果としては、係員から脱がなければ観戦させないと言われ、結局ズボンを脱いで下着姿で観戦した）、南アフリカで開催された2010年FIFAワールドカップのオランダ対デンマークの試合で、オレンジ色のドレスを着用した多くの女性観客が入場し、オランダ人女性2人が逮捕された事案で、この女性観客のオレンジ色のドレスに小さい表記であるもののビールメーカーの名前を記載していた行為（AP通信2010年6月17日配信）、などがあげられる。

　しかしながら、何をもってアンブッシュ・マーケティングというかは、必ずしもはっきりしない。

　国際オリンピック委員会（International Olympic Committee、以下、「IOC」という）による定義として、「オリンピック、オリンピックムーブメント、IOC、開催国のオリンピック委員会又はオリンピック組織委員会と、許諾なく又は不正な関連を発生させる（商業的なものであるか否かは問わない）個人又は組織による試み。それにより、オリンピックの公式パートナーの正当な契約上の権利を毀損する。」と、2012年ロンドンオリンピック開催決定後の英国政府の書簡は説明している(注1)。

　また、国際サッカー連盟（Fédération Internationale de Football Association、以下、「FIFA」という）は、FIFAワールドカップとの関連で「FIFAワー

ルドカップの知名度を利用し、不当にFIFAワールドカップとの関連付けを行うこと」と定義付け、アンブッシュ・マーケティングを行う者を「大会にただ乗りしようする行為」と非難している（2002年FIFAワールドカップ公式パンフレット）(注2)。より具体的には、「関連させることによるアンブッシュ・マーケティング（ambush marketing by association）」として、「商品又はサービスがFIFAにより承認、許諾、保証されている又は大会と関連があると第三者に誤認させる可能性のある方法で、その事業、商品又はサービスを広めようとすること又は公衆の注目を集めようとする行為」(注3)と定義している。さらに、「侵入によるアンブッシュ・マーケティング（ambush marketing by intrusion）」として、「FIFAによる許諾を得ることなく、チケット保有者も含め大会の観衆に向けて、事業、商品、サービスの露出を得るために、販売促進、広告又はマーケティング活動を実施、組織、承認、後援すること」(注4)と定義している。

　IOCの定義やFIFAの定義では、アンブッシュ・マーケティングは、オリンピックやFIFAワールドカップに関連した標章を使用しているか否かは関係ない。

　アンブッシュ・マーケティングについての一般的な定義としては、「プロパティ所有者に権利金を支払わずに、そのプロパティとの結びつきを作ろうとする計画的活動」(注5)と理解されている。「待ち伏せ」を意味するこのアンブッシュ（Ambush）活動は、公式スポンサーが本来プロパティ所有者から付与された権利に基づき享受すべき利益を、対価を支払うことなく獲得することであり、消費者を混乱させるものであり、標章を使用しているか否かは関係ない。さらに、この定義でプロパティ（資産）と表現されているとおり、アンブッシュ・マーケティングのターゲットは、イベントが多いことは間違いがないが、必ずしもイベントに限定されるものではなく、需要者にとって周知・著名なものであれば、ターゲットになり得るということである。例えば、取引関係がないにもかかわらず、ある会社の会社案内・ホームページ等で、その会社の主要取引先として周知・著名な会社が表記されるといったことも含まれ得る。

## 2.1.2 アンブッシュ・マーケティング活動の主なタイプ

次に、アンブッシュ・マーケティング活動の主なタイプ(注6)について説明する。アンブッシュ・マーケティングとは、前述のとおり、需要者にとって周知・著名なものであれば、ターゲットになり得るものであるが、イベントに関する活動が多く、またその活動のタイプの種類も多いと考えられることから、まずはイベントを中心に考えていく。

イベントに関するアンブッシュ・マーケティング活動の主なタイプは、以下の4つである。

---

A. イベントのスポンサーである旨の虚偽の表示をする。

B. イベント関連の標章(イベント及びその関連行事で使用される標章)と同一・類似のマークを使用する。

C. イベント関連の標章と同一・類似のマークは使用しないが、イベントと関連があるかのような表示をする。このタイプの中には、さらにいくつかに分けられる。

　① イベントで行われる競技種目をテーマとした広告等にて、イベントと関連があるかのような表示をする。

　② イベントへの出場チームと契約することにより、当該チームのことを記述しているように装い、イベントと関連があるかのような表示をする。

　③ 有力な選手と契約することにより、当該選手のことを記述しているように装い、イベントと関連があるかのような表示をする。

D. イベント関連の標章と同一・類似のマークは使用しないが、イベント開催会場・競技場やその付近で、広告物の掲出や販売活動を行う。

---

本章以下で、アンブッシュ・マーケティングのタイプとして、A乃至Dという場合、本表で記載しているタイプの活動を意味する。

A及びBの活動いずれも、イベント関連の標章、すなわちイベント及び関連行事に使用される標章と同一・類似のマークを使用するものである。ただし、Bの活動は誤認のおそれを生じさせるものであるのに対して、Aは明らかに虚偽の表示をしているものである。

Bの例としては、①「オリンピック記念セール」と銘打って販売活動をし

たり、②「ワールドカップチケットプレゼント」との販促を行ったりといった活動である。2013年9月に2020年オリンピックの開催地が東京に決定した際に、「オリンピック」の文言、「オリンピック・シンボル」（オリンピックを表す5つのリングから成るマーク）などオリンピック関連の標章を使用した広告物が数多く見受けられた。

　Ｃの活動については、日本オリンピック委員会も、オリンピック等の知的財産の保護についてと題するウェブサイトにおいて、「No "AMBUSH MARKETING" オリンピックイメージ等を無断使用した便乗広告にご注意ください」「JOCマーケティングに協賛している『ふり』は、許されません」と記していることからも（下記JOCのウェブサイトからの引用参照）、必ずしもイベント関連の標章と同一・類似のマークを使用していない場合についても対象にしていることがわかる。また、JOC等の活動により、2013年9月10日朝日新聞夕刊にて「五輪商法　言葉にご注意　『おめでとう東京』もアウト　JOC『知的財産権侵害』」と見出しが付けられた記事や2013年9月30日付け日本経済新聞にも記事（以下の引用参照）も掲載されている。Ｃの活動の実際の例としては、2013年9月に2020年オリンピックの開催地が東京に決定した際に、格安航空会社が「オリンピック」の文言や「オリンピック・シンボル」は使用しないものの、聖火トーチを持っている動物のキャラクターとともに、「東京」と「2020」を強調して表示し、片道航空料金を2020円とする広告物を掲出している事案がある。

※ JOC 公式ホームページ：http://www.joc.or.jp/（2014年8月7日確認）

※日本経済新聞（2013年9月30日）

　Cがさらに細かく分かれるのは、オリンピックなどのイベント本体、イベントに出場する競技チーム、出場する選手それぞれが独自のマーケティング活動を行っており、それぞれがスポンサー契約を締結しているという実態が存在することによる。現に、1995年5月に日本オリンピック委員会と長野オリンピック組織委員会が共同で制作した「アンブッシュ・マニュアル」と題された冊子においても、オリンピック出場選手の氏名や肖像を使ってオリンピックを想起させる場合を、違反事例として掲げている(注7)。他にも、FIFAワールドカップとは無関係の大手飲料会社が、英国のベッカム選手や歌手のブリトニー・スピアーズがサッカーのユニフォームを着用しサッカーボールと戯れるというサッカーをテーマとしたテレビコマーシャルを制作・放映した際に、テレビ局が「ワールドカップCM」として、朝の情報番組の中で紹介するといった事案もある。また、イベント本体のスポンサーが、イベントに出場する競技チームのスポンサーに自動的になるわけではないことから生じた問題として、FIFAワールドカップのスポンサーである自動車メーカーが、契約関係にないブラジル代表チームと契約関係にあるかのような印象を与える広告をブラジル国内で使用し、ブラジルサッカー連盟から抗議を受けるといった事案が発生している。

## 2 各国で制定されている「アンブッシュ・マーケティング規制法」

　Dの活動については、1998 年長野オリンピック組織委員会が、長野大会直前に配布したパンフレットにも、「競技会場の前で、入場する観客を対象に、商品のサンプリング」を、オリンピックを利用した商業活動はできない旨明記しており、「長野オリンピック等の用語を用いない場合でも、同様です」と記しているとおり（下記引用パンフレット（長野オリンピック冬季競技大会組織委員会・日本オリンピック委員会作成のパンフレット）参照）、表示等で誤認のおそれを生じさせるものでない場合でも、イベントを利用した行為はアンブッシュ・マーケティングと考えられている。実際の例としては、前記の 2010 年南アフリカ FIFA ワールドカップの「美女応援団」の事案などがある。また、出場選手が、当該選手がスポンサー契約している会社等のマークを競技場内で露出するといったこともある。

※長野オリンピック冬季競技大会組織委員会・日本オリンピック委員会作成のパンフレット『スノーレッツからのお願い　長野オリンピックの成功のために私たちにできること』(1998)

　アンブッシュ・マーケティングの各タイプの他の例については、別稿を参照いただきたい(注8)。もちろん、上記のタイプにすべてのアンブッシュ・マーケティング活動が分類できるわけではなく、新たな手法が日々研究されていると考えてよい。

大きなイベントの開催にあわせて、アンブッシュ・マーケティングを防止できるよう、各国で「アンブッシュ・マーケティング規制法」が制定されている（各国で制定されている法は、アンブッシュ・マーケティングを規制するだけではなく、入国管理などイベント運営上の特別な事項なども含めた法律もあるが、本稿では、それらの法においてもアンブッシュ・マーケティング規制に関連する部分を「アンブッシュ・マーケティング規制法」という）。こうした法について、Sui Generis Protection（特別な保護）と呼ばれることもある(注9)。

　オリンピック開催にあわせて制定されたアンブッシュ・マーケティング規制法は、次の表のとおり2000年以降に開催された大会のためのもので、大会ごとに制定されていると言っていい(注10)。なお、2002年に米国ソルトレイクシティで冬季オリンピックが開催されているが、米国ではTed Stevens Olympic and Amateur Sports Act（1978年（1998年に一部改正））が制定されている。

**【表】オリンピック開催に合わせて制定されたアンブッシュ・マーケティング規制法**

| 国名 | Olympic 開催年 | 法律 | 制定年 |
|---|---|---|---|
| ブラジル | 2016 | Olympic Act(Law no. 12035 of 1 October 2009) | 2009 |
| ロシア | 2014 | On organization and holding of the XXII Olympic Winter Games and the XI Paralympic Winter Games 2014 in Sochi, the development of Sochi city as a mountain climate resort and the amendment of certain legistative acte of the Russia Federation" NO. 310-FZ | 2007 |
| 英国 | 2012 | London Olympic Games and Paralympic Games Act 2006 | 2006 |
| | | Olympic Symbol etc. (Protection)Act 1995 | 1995 |
| カナダ | 2010 | Olympic and Paralympic Marks Act | 2007 |
| 中国 | 2008 | 中華人民共和国国務院オリンピックシンボル保護条例 | 2002 |
| | | 北京市オリンピック知的財産権保護規定 | 2001 |
| イタリア | 2006 | Law on Measures for the protection of the Olympic Symbol in relation to the forthcoming Winter Olympic(167/2005) | 2005 |
| ギリシャ | 2004 | Law 2598/1998, as supplemented and amended in 2000 and 2001 | 1998 |
| オーストラリア | 2000 | Sydney 2000 Games (Indicia and Images)Protection Act 1996 | 1996 |
| | | Olympic Insignia Protection Act 1987 | 1987 |

　FIFAワールドカップの場合も、大会開催にあわせて、南アフリカ（2010年開催）とブラジル（2014年開催）で、それぞれの大会のための法が制定されている(注11)。

他にも、英連邦における総合競技大会であるコモンウェルスゲーム（Commonwealth Games）開催にあわせて制定されたオーストラリア法や英国法、大規模イベントを招致することを目的に制定されたニュージーランド法（Major Events Management Act 2007）などが制定されている。世界的な規模のイベントに関連して最初に制定されたものとしては、2000年シドニーオリンピックにあわせて制定されたものである。

これらの法は、さまざまなアンブッシュ・マーケティングを禁止又は制限する内容を規定しているものである。

本章では、オリンピック開催にあわせて制定された法、FIFAワールドカップ開催にあわせて制定された法、コモンウェルスゲーム開催にあわせて制定された法、イベント主催者とは無関係に制定された法、その他と分類して、アンブッシュ・マーケティング規制法について制定内容を確認する。それぞれの制定法について、主として保護される標章、第三者に対する制限の内容及び使用差止等の請求権者を中心に分析する。

## 2.2 オリンピック関係

最初にオリンピック関係のアンブッシュ・マーケティング規制法について、ナイロビ条約を確認した上で、オリンピック開催の順に分析する。

### 2.2.1 ナイロビ条約

まずは、オリンピック関係に関する法令として、ナイロビ条約(注12)を確認する。ナイロビ条約は、1981年9月26日にケニアのナイロビで採択され、1982年9月25日に発効したもので、現在締約国数は48か国である。このナイロビ条約は、オリンピック・シンボルを保護するものである。オリンピック・シンボルとは、5つの交錯したリングで、それぞれのリングは青、黄、黒、緑、赤で彩色されているもの又は5つのリングすべてが無彩色のものをいう。

ナイロビ条約は、締約国に、国際オリンピック委員会（以下、「IOC」という）の許諾がない限り、オリンピック・シンボルから成る又はこれを含む商標の

登録を拒絶する／無効とすること、及び商業目的のために、標章又はその他の標識としての使用(use as a mark or other sign)を禁止することを義務づけるものである。オリンピック・シンボルについて、商業的使用とは、広告での使用、商品に使用、その他の商業的使用を含む(注13)。

なお、この後本稿で取り上げる国のうち、ロシア及びブラジルは加盟しているが、我が国含め、英国、カナダ、中国、オーストラリア、米国は未加盟である。

## 2.2.2 オーストラリア

2000年シドニーオリンピックが開催されたオーストラリアでは、以下の2つの法律が制定された。

| 法律名称 | Olympic Insignia Protection Act 1987 |
|---|---|
| 制定の時期 | 1987年 |
| 保護される標章 | ●オリンピック・シンボル及びオリンピック聖火デザインなど一定の指定デザイン(5条乃至7条)<br>●Olympic, Olympics, Olympic Games, Olympiad, Olympiads及び類似の表現("Protected Olympic Expression"と総称する)(24条)<br>なお、Olympian及びOlympiansは、Protected Olympian Expressionに類似していると扱わない。(24条(3)) |
| 第三者に対する制限の内容 | ●許諾なく、オリンピック・シンボル及び登録オリンピックデザインを使用すること(8条)<br>●Protected Olympic Expressionを、商業目的で使用することを規制(36条)<br>なお、商業目的とみなされない場合が31条乃至35条に規定されている。 |
| 使用差止・損害賠償請求権者 | ●オリンピック・シンボル及び登録オリンピックデザインについては、オーストラリアオリンピック委員会("AOC")(7条、9条)<br>●Protected Olympic Expressionについては、AOC又は使用許諾を得た者(41条、44条) |
| その他の特徴 | ●オリンピック・シンボルは、著作権の及ぶ美術作品として保護され、登録されたオリンピックデザインとともに、オーストラリアオリンピック委員会が権利を保有すると規定。<br>●オリンピック・シンボル及び登録されたオリンピックデザインについて、Trade Practice Act 1974(その後、2010年に改正され、Australian Consumer Law)による保護も予定されている。(9A条) |

※ Australian Government Comlaw ホームページ (http://www.comlaw.gov.au )

2　各国で制定されている「アンブッシュ・マーケティング規制法」

| 法律名称 | Sydney 2000 Games (Indicia and Images) Protection Act 1996 |
|---|---|
| 制定の時期 | 1996年 |
| 保護される標章 | ●Sydney 2000 Games Indicia及びSydney 2000 Games Imagesとして規定。<br>●Sydney 2000 Games Indiciaとは、以下を総称する。<br>(1) common Sydney 2000 Games indicia、すなわちGames City, Millennium Games, Sydney Games, Sydney 2000, Gamesと2000/Two Thousandの組み合わせなど<br>(2) Sydney 2000 Olympic Games indicia、すなわち(i)Olympiad, Olympicとの言葉、(ii)Share the Spirit, Summer Games, Team Millenniumとのフレーズ、(iii)24th, Twenty-Fourth, XXIVthとの言葉とOlympics又はGamesとの組み合わせ、(iv)以下のList AとList Bの言葉の組み合わせ<br><br>{ List A: Olympian, Olympics / List B: Bronze, Games, Gold, Green and Gold, Medals, Millennium, Silver, Spirit, Sponsor, Summer, Sydney, Two Thousand, 2000 }<br><br>(3) Sydney Paralympic Games indicia、すなわち(i)Paralympiad、Paralympicとの言葉、(ii)11th, Eleventh, XIthとの言葉とParalympics又はGamesとの組み合わせ、(iii)以下のList AとList Bの言葉の組み合わせ<br><br>{ List A: Paralympian, Paralympics / List B: Bronze, Games, Gold, Green and Gold, Medals, Millennium, Silver, Spirit, Sponsor, Summer, Sydney, Two Thousand, 2000 } |

|  |  |
|---|---|
|  | (4) 上記のSydney 2000 Games Indiciaについて、英語以外の言語での表現<br>● Sydney 2000 Games Imagesとは、以下を総称する。<br>(1) Common Sydney 2000 Games Images、すなわちシドニーオリンピック及びシドニーパラリンピックと関連があると想起させる映像的表現又は口頭の表現<br>(2) Sydney 2000 Olympic Games Images、すなわちシドニーオリンピックと関連があると想起させる映像的表現又は口頭の表現<br>(3) Sydney 2000 Paralympic Images、すなわちシドニーパラリンピックと関連があると想起させる映像的表現又は口頭の表現 |
| 第三者に対する制限の内容 | ● Sydney 2000 Games Indicia 又はSydney 2000 Games Imagesを、商業目的で使用すること(12条(1))<br>● Sydney 2000 Games Indicia が使用されていると誤認されるものを使用すること (12条(5)) |
| 使用差止・損害賠償請求権者 | ● シドニーオリンピック組織委員会、シドニーパラリンピック組織員会、又は使用許諾を得た者(43条、46条) |
| その他の特徴 | ● 当初2000年12月31日に効力を失うことになっていたが、最終的に2007年に廃止された。 |

※ Australian Government Comlaw ホームページ（http://www.comlaw.gov.au）

　この２つの法律にて、オリンピック関係のアンブッシュ・マーケティングを規制しようとするもので、Sydney 2000 Games (Indicia and Images) Protection Act 1996 は限時法として制定されている。Olympic Insignia Protection Act 1987 は、保護される標章を特定し、その使用を制限する内容であるが、その保護される標章を使用していない場合においても、シドニーオリンピック又はシドニーパラリンピックと関連があると想起させる表記の使用について規制するために、1996年に新たな法が制定されたのである。

　また、シドニーオリンピック運営のために、2000年12月31日までの限時法 Olympic Arrangements Act 2000（ニューサウスウェールズ州法）が制定されている（http://www.legislation.nsw.gov.au（2014年8月12日確認））。この法律は、2000年9月2日から同年10月4日までの間、シドニーオリンピックの競技場上空の航空機の飛行や航空広告を制限し（65条、67条）、さらに、2000年9月2日から同年10月31日までの間、建築物や構造物上に広告物を掲出することを規制している（66条）。

## 2.2.3 中国

2008年北京オリンピックを開催した中国では、北京市での保護規定及び中国国内に適用される保護規定が制定されている。

| 法律名称 | 北京市オリンピック知的財産権保護規定(The provisions for Protection of Olympic Intellectual Property Rights of Beijing Municipality) |
|---|---|
| 制定の時期 | 2001年11月 |
| 保護される標章 | ●オリンピック・シンボル、オリンピック旗、聖歌、モットー、エンブレム、Olympic, Olympiad, Olympic Games、これらの名称、図形又はその組織<br>●中国オリンピック委員会のエンブレム、名称<br>●北京オリンピック招致委員会又は組織委員のエンブレム、マスコット、名称、標識(北京2008を含む)、聖歌、スローガン<br>●他のオリンピックに関連する知的財産権の客体(3条) |
| 第三者に対する制限の内容 | ●保護される標章を、許諾なしに使用すること (8条) |
| 使用差止請求権者 | ●工商、知的財産権、版権等行政管理部門(11条)<br>なお、国際オリンピック委員会、中国オリンピック委員会らは、他の法に基づき差し止め請求等をすることができる(13条) |
| その他の特徴 | ●本保護規定は、北京行政区域内にて適用される |

※ http://geocities.jp より日本語文の条文を入手。

| 法律名称 | 中華人民共和国国務院オリンピック・シンボル保護条例<br>Regulations on the Protection of Olympic Symbols(英訳) |
|---|---|
| 制定の時期 | 2002年 |
| 保護される標章 | 以下を総称して"Olympic Symbols"という<br>●オリンピック・シンボル(五輪マーク)、オリンピック旗、モットー、エンブレム、聖歌<br>●Olympic, Olympiad, Olympic Games及びこれらの略語<br>●中国オリンピック委員会の名称、エンブレム、シンボル<br>●北京オリンピック招致委員会の名称、エンブレム、シンボル<br>●北京オリンピック組織委員会の名称、エンブレム、北京オリンピック大会のマスコット、聖歌、スローガン、"Beijing 2000"、"the XXIX Olympic Games"及びこれらの略語<br>●オリンピック憲章又は北京オリンピック大会に関する開催都市契約で規定された北京オリンピック大会に関連するその他のシンボル(2条) |
| 第三者に対する制限の内容 | ●商業目的で、Olympic Symbolsを使用すること(4条) |

| 使用差止請求権者 | ●工商行政管理局(The administration departments for industry and commerce)が、Olympic Symbolsを保護する責任を負う。(6条、11条)<br>なお、国際オリンピック委員会、中国オリンピック委員会らは、他の法に基づき差し止め請求等をすることができる。(14条) |
|---|---|

※北京オリンピック公式ホームページ（http://en.beijing2008.cn）より英文条文を入手。

　中国においては、オリンピックに関して保護される標章を、許諾を得ることなく使用することを制限する規定が、開催都市及び開催国で制定された。民事的な責任について言及しているものの、行政機関による管理、取締りが中心になっている。

## 2.2.4　カナダ

　2010年バンクーバーオリンピックが開催されたカナダでも、以下の法律が制定されている。

| 法律名称 | Olympic and Paralympic Marks Act |
|---|---|
| 制定の時期 | 2007年 |
| 保護される標章 | ●Olympic又はParalympic関係の35種類の言語標章及び4種類の図柄標章(Schedule 1)<br>●バンクーバーオリンピック・パラリンピック関係の17種類の言語商標 (Canada 2010, Game City, Vancouver 2010, Whist 2010, Sea to Sky Gamesなどの標章も含まれる)及び36種類の図柄標章(この合計53種類の標章については、2010年12月31日までの期間が対象)(Schedule 2) |
| 第三者に対する制限の内容 | ●商業目的で、保護される標章又は保護される標章と誤認するような類似標章を、商標として若しくはそれ以外に(as a trade-mark or otherwise)、使用してはならない。(3条(1))<br>●商業目的で、保護される標章を翻訳したものを、商標として若しくはそれ以外に(as a trade-mark or otherwise)、使用してはならない。(3条(2))<br>●いかなる者も、規則により指定された期間、オリンピック・パラリンピックと関連があると公衆に誤認させるおそれのある行為をしてはならない。(4条)<br>裁判所は、上記について判断をする基準に、以下のPart1の言葉の組合せ又は以下のPart1及びPart 2の言葉(どの言語であっても)の組合せを使用しているか否かを用いる。<br><br>\| Part 1 \| "Game", "2010", "Twenty-ten", "21", "Twenty-first", "XXI", "10", "Tenth", "X", "Medals" \|<br>\|---\|---\|<br>\| Part 2 \| "Winter", "Gold", "Silver", "Bronze", "Sponsor", "Vancouver", "Whistler" \|<br><br>(4条) |

## 2 各国で制定されている「アンブッシュ・マーケティング規制法」

| 使用差止請求権者 | ●カナダオリンピック委員会、カナダパラリンピック委員会、使用許諾を受けている者（5条） |
|---|---|
| その他の特徴 | ●カナダオリンピック委員会又はカナダパラリンピック委員会から同意を得た場合に限り、保護される標章又は類似の標章を商標登録することができる。(3条(4))<br>●バンクーバーオリンピック・パラリンピックのみに関連する標章の保護期間は、2010年12月31日に終了する。 |

※ Department of Justice Canada ホームページ（http://laws.justice.gc.ca）より入手。

　特定の保護される標章の使用について、その使用が商標としての使用であることに限定することなく、制約することを定めている（3条）。さらに、保護される標章を使用していないときでも、オリンピック・パラリンピックと関連があると公衆に誤認させるおそれのある行為を規制している。ただし、その規制については、規則により指定された期間に限られる。

### 2.2.5 英国

　2012年ロンドンオリンピックが開催された英国では、Olympic Symbol etc (Protection) Act 1995（1995年制定）及びLondon Olympic Games and Paralympic Games Act 2006（2006年制定）が存在する。

| 法律名称 | Olympic Symbol etc. (Protection) Act 1995 |
|---|---|
| 制定の時期 | 1995年 |
| 保護される標章 | 以下について独占的に使用できる権利として、Olympic Association Rightとの概念を制定(1条、2条)<br>●オリンピック・シンボル<br>●オリンピック・モットー(Citius, Altius, Fortius)<br>●Olympiad, Olympiads, Olympian, Olympians, Olympic, Olympics,<br>●上記を翻訳したものも含む(18条) |
| 第三者に対する制限の内容 | 以下の場合、Olympic Association Right侵害となる。<br>●取引において、上記の保護される標章を使用すること<br>●取引において、オリンピックシンボル・オリンピックモットーと類似の標章を使用し、公衆にオリンピックと関連があると混同のおそれを生じさせること(3条(1)) |
| 使用差止請求権者 | ●保有者(Proprietor) (6条)<br>なお、保有者(Proprietor)は、1条(2)に基づき指定される。 |
| その他の特徴 | ●保護される標章から成るまたはこれを含む商標の登録はされない。(13条(2)) |

※ Official Homepage of UK Legislation（http://www.statutelaw.gov.uk）より入手。

| 法律名称 | London Olympic Games and Paralympic Games Act 2006 |
|---|---|
| 制定の時期 | 2006年 |
| 保護される標章 | Olympic Symbol etc. (Protection) Act 1995の保護される標章に以下を追加<br>● Paralympiad, Paralympiads, Paralympian, Paralympians, Paralympic, Paralympics (Schedule 3　8条) |
| 第三者に対する制限の内容 | London Olympics Association Rightという概念を制定<br>● 取引において、商品、サービス又はその提供者がロンドンオリンピックと関連があると公衆に認識させるおそれのある表示をすること (London Olympics Association Right侵害となる) (Schedule 4)<br>● London Olympics Association Right侵害であるかどうかについての判断材料として、特に、以下のGroup(1)の言葉の組合せ、又は以下のGroup(1)及びGroup(2)の言葉の組合せを使用しているかどうかを用いる。<table><tr><td>Group(1)</td><td>"games", "Two Thousand and Twelve", "2012" and "twenty twelve"</td></tr><tr><td>Group(2)</td><td>"gold", "silver", "bronze", "London", "medals", "sponsor", "summer"</td></tr></table>(Schedule 4　3条)<br>● ロンドンオリンピックの会場の周辺において、開催都市LONDONとIOCとの間の開催都市契約 (Host City Contract) やIOCの指示に従って、広告宣伝に関する規則が制定されること (19条) |
| 使用差止・損害賠償請求権者 | ● Olympic Symbol etc. (Protection) Act 1995を適用 |
| その他の特徴 | ● この法は、ロンドンオリンピック・パラリンピックを開催するための様々な必要事項について定めた法律<br>● Olympic Symbol etc. (Protection) Act 1995を強化するもの |

※ Official Homepage of UK Legislation (http://www.statutelaw.gov.uk) より入手。

　Olympic Symbol etc. (Protection) Act 1995にて、Olympic Association Rightとの概念を定め、特定の標章の使用を制限している。法にて、特定の者にとっての権利 (Right) として定めているのが特徴的である。

　また、London Olympic Games and Paralympic Games Act 2006では、パラリンピックについての標章についても保護されることを定めるだけでなく、London Olympic Association Rightとの概念を定め、保護される標章を使用しない場合であっても、オリンピックに関連があると誤認させるおそれのある表示を使用することについて制限している。そして、その権利侵害であるかどうかの判断基準として一定の文言を使用した場合を例示しているが、侵害になる場合はそれら文言を使用した場合には限定されない(注14)。

さらに、広告宣伝についても規制することを予め定めるとともに（19条）、罰則も予定している（21条）。

## 2.2.6 ロシア

ロシアは、1986年にナイロビ条約に批准しており（WIPO ウェブサイト：http://www.wipo.int）、2014年ソチオリンピックの開催にあたり、オリンピックだけでなくパラリンピックに関しても一括して定めている。オリンピックに関しては国際オリンピック委員会（IOC）、パラリンピックについては国際パラリンピック委員会（International Paralympic Committee、以下「IPC」という）からの許諾なしに、それぞれの大会の保護される標章を使用できないことなど定めている。

以下は、主な内容である。

| 法律名称 | "On organization and holding of the XXII Olympic Winter Games and the XI Paralympic Winter Games 2014 in Sochi, the development of Sochi city as a mountain climate resort and the amendment of certain legislative acts of the Russia Federation" No. 310-FZ |
|---|---|
| 制定の時期 | 2007年 |
| 保護される標章 | Olympic symbols（以下を総称する）<br>● "Olympic", "Olympiad", "Sochi 2014", "Olympian", "Olympic Winter Games", "Olympic Games", これらから派生する文言・表記, オリンピック・シンボル、聖火、トーチ、オリンピック旗、聖歌、モットー、エンブレム、過去のオリンピックのマーク類、<br>● Olympic symbols又はその要素を含み、オリンピックを特定する美術、音楽、文学、その他の作品（7条1項）<br><br>Paralympic symbols（以下を総称する）<br>● "Paralympic", "Paralympiad", "Paralympian", "Paralympic Winter Games", "Paralympic Games", これらから派生する文言・表記, パラリンピック・シンボル、聖火、トーチ、パラリンピック旗、聖歌、モットー、エンブレム、過去のパラリンピックのマーク類、<br>● Paralympic symbols又はその要素を含み、パラリンピックを特定する美術、音楽、文学、その他の作品（7条1項） |
| 第三者に対する制限の内容 | ● オリンピック又はパラリンピックと関連があるような態様で、Olympic symbols又はParalympic symbolsを使用するのは、IOC、IPC又はその許諾を受けた者との合意がない限り、許されず、不法とみなされる（7条2項、3項） |

| | |
|---|---|
| | ● オリンピック開幕前1ヶ月の日から、パラリンピック閉幕1ヶ月後の日までの期間、オリンピック会場やパラリンピック会場から1000メートル範囲内及び上空での広告は、IOC又はその許諾を受けた者との合意がない限り、許されない（6条1項）<br>● 広告主がオリンピック又はパラリンピックと関連があるかのような虚偽の情報（スポンサーであるかのようなものも含む）、或いは広告されている商品、サービスがIOC、IPC、ロシアオリンピック委員会、ロシアパラリンピック委員会又は2014年ソチ大会組織委員会から承認されているかのような虚偽の情報を含む広告は、不当表示とみなされる（6条3項）<br>● Olympic symbols又はParalympic symbolsを不法に使用して商品を販売等すること、オリンピック又はパラリンピックと関連があるかような誤認を（スポンサーであるかのような誤認も含む）与える表示は、不正競争行為と扱われ、競争法に基づき処分される（8条） |
| 使用差止・損害賠償請求権者 | ● 競争法に基づき、規制当局による措置が取られる<br>● 私人に損害賠償請求は可能 |

※ソチオリンピック公式ホームページ（http://www.sochi2014.com）より英文の条文を入手。

　「Olympic」や「Paralympic」等の言葉やオリンピック・シンボル等の図形標章だけでなく、都市名と西暦を組み合わせた「Sochi 2014」との標章の使用についても、規制している（7条）。また、オリンピックやパラリンピックに関する標章を使用しない場合についても、オリンピック又はパラリンピックと関連があるかのような表示やIOCやIPC等に承認されているかのような表示を含む広告についても規制している（6条3項）。さらには、一定期間、オリンピックやパラリンピック会場から1000メートル範囲内及び上空における広告についても、IOCの許諾なしに許されない旨の規制もされている（入手した英文の条文を見る限り、IPCによる許諾については定められていない）。

## 2.2.7　ブラジル

　ブラジルは、ナイロビ条約に1984年に批准しており（WIPOウェブサイト（http://www.wipo.int））、1998年制定 Pele Act（Law No. 9615　1998年制定）により、Olympic Games, Olympics, Paralympic Games 及び Paralympics の表現だけでなく、旗、スローガン、聖歌、オリンピック・シンボル、パラリンピック・シンボルの独占的な使用権をブラジルオリンピッ

ク委員会に付与している。加えて、2016年リオデジャネイロオリンピックを開催するにあたり、以下のとおり2009年にオリンピック法が制定されている(注15)。

| 法律名称 | Olympic Act (Law no. 12035 of 1 October 2009) |
|---|---|
| 制定の時期 | 2009年 |
| 保護される標章 | ●オリンピック・シンボルなど、IOCの使用する旗、モットー、エンブレム、聖歌など<br>●Olympic Games, Paralympic Games, Rio 2016 Olympic Games, Rio 2016 Paralympic Games, XXXI Olympic Games, Rio 2016, Rio's Olympiads、Rio's 2016 Olympiads, Rio ParaOlympiads, Rio's 2016 ParaOlympiads, それらの変形、訳した言葉等<br>●リオデジャネイロ2016オリンピック組織委員会の名称、エンブレム、旗、聖歌、モットー、マーク、その他のシンボル<br>●XXXI Olympic Games, Rio 2016 Olympic Games, Rio 2016 Paralympic Gamesのマスコット、マーク、聖火、その他のシンボル(6条) |
| 第三者に対する制限の内容 | ●商業使用・非商業使用を問わず、大会組織委員会又はIOCの事前の明確な承諾のない使用のすべてを禁止する。(7条)<br>●第7条に規定されている禁止事項は、保護される標章を使用していない場合でも、2016年リオ大会(オリンピック及びパラリンピック)又はオリンピックムーブメントと商品、サービス又はその会社などが不当に関連があるかのように誤認を与える十分に類似した文言や表現を使用することに及ぶ。(8条)<br>●2016年7月5日から9月26日までの間、空港及び政府管理下の場所における広告について、今後の法令に基づき、制限される予定である。(9条) |
| 使用差止請求権者 | ●Olympic Act上に規定はない。規制当局による措置がとられると思われる。 |
| その他の特徴 | ●2009年10月1日に制定された。<br>●オリンピック開催都市に制定されたとき(2009年10月2日コペンハーゲンでのIOC総会)から効力を発し、2016年12月31日まで有効(1条、16条) |

※ http://www.planalto.gov.br より英文条文を入手。

　保護される標章の使用について、商標使用・非商業使用を問わず制限する旨の規定がされている（6条、7条）。その保護される標章には、「Rio 2016」といった開催都市と西暦の組み合わせも含まれる。また、オリンピック関係等の標章を使用しない場合についても、オリンピックやパラリンピックに関連があるかのように誤認を与える表示をすることについても制限されている（8条）。さらに、オリンピック及びパラリンピック開催期間において、一定の場所における広告宣伝の制限についても予定されている（9条）。

## 2.2.8 その他のオリンピック開催国

2004年にアテネオリンピックを開催したギリシャも、1983年に批准しているナイロビ条約だけでなく、オリンピック・シンボル及びアテネオリンピック関係のエンブレム、マスコット、ピクトグラム及び「ATHENS 2004」の標章の保護及びアンブッシュ・マーケティングからの防止について、法律2239/1994, 2598/1998 及び 2947/2001 によって実現された(注16)。

2006年トリノオリンピックが開催されたイタリアでも、1985年に批准しているナイロビ条約に加えて、2005年8月にオリンピック・シンボル及びオリンピック・シンボルを含む標章につき、商標登録をする権利を独占的に有するのはイタリアオリンピック委員会であるとする特別法を制定している(注17)。そして、オリンピックに関する標章について商標登録をする権利を独占的に有するものは、商標登録が完了しているかどうかとは関係なく、当該標章の第三者による使用を防止する権利を独占的に有するとの解釈がされているようである(注18)。なお、この特別法は、2006年12月31日をもって失効している(注19)。

なお、2002年にソルトレイクシティ冬季オリンピックを開催した米国でも、アンブッシュ・マーケティング規制法と呼ぶことができる法が存在しているが、オリンピック開催にあわせて制定されたものではないので、ここでは取り上げず、後に取り上げる。

## 2.2.9 小括

オリンピックに関する各国のアンブッシュ・マーケティング規制法をみると、概ね以下の特徴が認められる。

保護される標章として法律にて特定するものについては、出所表示機能を果たす態様での使用の場合に限らず、商業目的で使用することを禁止している（2.1.2で記述したA及びBのタイプの活動への規制）。

また、保護される標章として特定されたものは、開催都市名と西暦年の組み合わせのものも含め、広い範囲で指定するかたちになっており、保護されるために商標登録は必ずしも必要ない。それによって、オリンピックに関す

る標章を用いないタイプのアンブッシュ・マーケティング活動を規制する法律が制定されている例がみられ（2.1.2で記述したCのタイプの活動への規制）、オーストラリア、カナダ、英国、ロシア、ブラジルの各法にて確認できている。オーストラリアでは、規制される態様が法のなかに示された文言の組み合わせに限定される一方で、カナダ及び英国は、法違反に該当するかどうかの判断基準として、一定の文言の組み合わせはあくまで例示であり、ロシアやブラジルは法違反に該当するかどうかの基準は明示されていないという違いはあるが、これらの国での規制範囲はオーストラリアでの規制よりも広いように思われる。ただし、オーストラリアも、文言ではなく、映像又は口頭の表現については、オリンピック・パラリンピックと関連があると想起させるものとなっており、その規制の範囲は文言の場合のように限定されてはいない。

競技場周辺における広告活動などについても（2.1.2で記述したDのタイプの活動）、オーストラリア、英国、ロシア、ブラジルにおいては、規制がされることも確認できた。

さらに、オーストラリア、カナダでは、各国オリンピック委員会による請求に限らず、オリンピック標章の使用許諾を得ている者による使用差止請求や損害賠償請求が許される。

## 2.3 FIFA ワールドカップ

次に、オリンピック同様に世界的なスポーツイベントであるFIFAワールドカップに関するアンブッシュ・マーケティング規制法について検討する。

FIFAワールドカップには、オリンピック・シンボルを保護することを目的としたナイロビ条約のような国際的な取り決めは存在しない。以下にて最近の開催国での特別法を調査した。FIFAワールドカップに関係する法は、2010年の開催国である南アフリカ及び2014年の開催国であるブラジルにて制定されている。

## 2.3.1 南アフリカ

　2010年にFIFAワールドカップを開催した南アフリカ共和国では、FIFAワールドカップイベントへのアンブッシュ・マーケティングとして知られる活動を禁止することを目的として[注20]、開催国に決定する4年前の2000年にTrade Practices Act 76 of 1976を改正(南アフリカをFIFAワールドカップ開催国に決定したのは、2004年5月15日チューリッヒでのFIFA理事会である)し、同法9条(d)として、イベントや組織などと実際には何ら関係ないにもかかわらず、それらイベントや組織と契約関係又は何らかの関係があるかのように直接又は間接に広告その他の表示をすることは虚偽若しくは誤認を与える広告表示に該当する旨の条項を挿入し、刑事罰も定めた[注21]。

　さらに、Second 2010 FIFA World Cup South Africa Special Measures Act 2006[注22]の2条により、通商産業大臣が同国での2010 FIFAワールドカップをMerchandise Marks Act 1941(Law No 17 of 1941)の15条A(1)に基づき、保護されるイベントであると宣言することを定め、実際に2006年のGeneral Noticeにおいて宣言された[注23]。その結果、2010 FIFAワールドカップは、Merchandise Marks Act 1941(Law No 17 of 1941)の15条Aに基づくイベントとして、いかなる者も、イベント主催者の事前許諾なしに、当該イベントに関連する商標によって注目を集めたり、当該イベントからの特別な誘引力を得ていると思われるような態様で当該イベントに関連する商標を使用したりしてはならないこととなった。

## 2.3.2 ブラジル

　2014年の開催国であるブラジルでは、2011年9月14日にGeneral World Cup Billと呼ばれる法案(2330/2011)が国会に提出され審議された(2014FIFA World Cupホームページ：www.copa2014.gov.br(2011年12月3日確認))。本法案は、2014年のワールドカップと2013年のコンフェデレーションカップのためのものであり[注24]、これら大会のための入国査証の手続を簡素化するなど運営面に関する事項だけでなく、大会の標章などを保護することも含まれていた。

## 2　各国で制定されている「アンブッシュ・マーケティング規制法」

　この法案は当初 2011 年中に制定予定であったが(注25)、2012 年 3 月及び 5 月に下院及び上院それぞれが承認し、同年 6 月に大統領が一部拒否権行使した上で制定された。

| 法律名称 | General Law of World Cup(Law nr. 12,663) |
|---|---|
| 制定の時期 | 2012年6月5日 |
| 保護される標章 | ●FIFA エンブレム<br>●2013 FIFA コンフェデレーションカップ並びに2014 FIFA ワールドカップのエンブレム<br>●2013 FIFA コンフェデレーションカップ並びに2014 FIFA ワールドカップの公式マスコット<br>●FIFAが有するその他のシンボル<br>（3条に定めあり） |
| 第三者に対する制限の内容 | ●いかなる通信方法であっても、FIFAの許諾なしに、2大会のイメージや音声を使用することはできない。(15条)<br>●保護される標章を使用しない場合でも、16条に列記された各活動は、FIFAの許諾なしに行われた場合は、違法行為となる。(16条)<br>●FIFA又はFIFAに指定された者による許諾なく、2大会又はこれらの大会のシンボルと直接的又は間接的に関連させることにより、経済的な利益やマーケティング上の利益を得る目的で、商標、商品又はサービスを用いること。第三者が、それらの商標、商品又はサービスが、FIFAから承認されたり、許諾されたり、保証されているかのように信じる場合を含む。(32条)<br>●マーケティング上又は経済的な利益を得る目的で、2大会の管理地（競技場から2000メートル以内のエリア）において公衆の注目を集め、商標、事業、施設、商品、サービスを露出したり、FIFA又はFIFAから指定された者の許諾されていない販促活動を行うこと。(33条)<br>●32条、33条いずれにも、違反した場合には、3ヶ月以上1年以内の拘留又は罰金との刑事罰の規定がある |
| 損害賠償請求権者 | ●FIFA(12条、22条)<br>本法には差止請求権についての規定はない模様 |
| その他の特徴 | ●FIFAは、2014年12月31日までの期間、産業財産庁(INPI)に対する費用は免除される。(10条)<br>●この法は、2014年12月31日まで有効である。(36条) |

※英文訳文は、http://www.v-brazil.com/world-cup/law/full-text.php より入手。

　標章の保護については、経済的な利益又はマーケティング上の利益を得るために、FIFA の許諾なく、これら 2 大会又はこれらの大会の標章やシンボルと関連があるかのような行為や FIFA に承認、許諾又は支援されているかのように誤認させる行為を禁止するものである。これらは、商業目的でこれら大会の標章及びその類似の標章を使用することを禁止するものだけでな

く、様々なアンブッシュ行為も禁止するものである。具体的には、大会が開催される競技場の2000メートル以内の管理地、管理地への主要な道路、又は管理地から明らかに視認できる場所で、飲食物の提供活動、パンフレットやその他の販促物の配布活動、その他の同様な活動が禁止されている。他にも、同様の場所で、自動車の車体を用いた広告活動や上空での広告活動、マーケティング活動の目的で大会のチケットを用いることなども禁止されている（16条）(注26)。

また、これらの規定に反する行為について民事的な措置だけではなく、32条には関連させることによるアンブッシュ・マーケティング（ambush marketing by association）として、33条には侵入によるアンブッシュ・マーケティング（ambush marketing by intrusion）として規定されており、刑事罰が定められている（32条及び33条）。

### 2.3.3 韓国・ロシア

2002年FIFAワールドカップ共催国の韓国では、不正競争防止法を適用するためには、韓国内でその表示が著名でなくてはならず、そのままでは2002年FIFAワールドカップのエンブレム等が保護されないため、2002年FIFAワールドカップのエンブレム等が不正競争防止法にて保護されることを定めた限時法が制定されていた。

2018年FIFAワールドカップを開催するロシアにおいても、2013年6月7日に、2017年FIFAコンフェデレーションカップ及び2018年FIFAワールドカップのための法律が制定され(注27)、ロシア語による法文が公開されている（FIFA公式ホームページ：www.fifa.com）。FIFAの商業上の権利の保護及び実効性について規定している(注28)。また、競技場から2000メートル以内の地上及び競技場の上空における宣伝活動には、FIFAの許諾が必要であるとの定めもされている(注29)。

### 2.3.4 小括

筆者が現時点で条文まで確認できているのは南アフリカとブラジルの2か

国のみである（2002年開催国の日本では、特に法は制定されていない。また、2006年開催国のドイツでも、FIFAワールドカップのためのアンブッシュ・マーケティング規制法は制定されていないが、不正競争防止法の一般条項が存在する）が、FIFAワールドカップに関する標章を用いた活動について（A及びBのタイプの活動）、出所表示機能を果たす態様の使用に限らず、商業目的での使用することを禁止することが基本になっている。

さらに、FIFAワールドカップに関する標章を使用していない活動の場合でも（Cのタイプの活動）、イベントやFIFAと特別な関係にあるかのように第三者に誤認させるアンブッシュ行為についても禁止する点も、オリンピックに関するアンブッシュ・マーケティング規制法と同様である。

また、ブラジルやロシアでは、競技場内や競技場周辺の一定の範囲内での各種の広告・マーケティング活動についても（Dのタイプの活動）、規制する内容になっている。2010年14日の一次リーグE組オランダ－デンマーク戦で、オレンジ色のドレスを着た「美女応援団」がスタンドから退去させられた問題で、南アフリカ警察当局は、広告料を支払わずビール会社の違法な便乗宣伝を行ったとして、2人のオランダ人女性を逮捕したことを、AP通信が伝えた（2010年6月17日AP通信による配信）。

ただ、オリンピックに関するアンブッシュ・マーケティング規制法との違いとしては、差止請求などの民事的な方法に加えて、刑事罰によって実効性を高めようとしているところに特徴が見られる。

## 2.4 コモンウェルスゲーム (Commonwealth Games)

コモンウェルスゲームとは、英連邦に属する国や地域（53の国と地域から71チーム）が参加して、4年ごとに開催される総合競技大会である。Commonwealth Games Federation（CGF）が規律する各種規則に則って、それぞれの大会において運営会社が開催都市にて設立される。最近の開催都市は以下のとおりである。

| 大　会 | 開催都市 |
|---|---|
| 第18回大会(2006) | メルボルン(オーストラリア) |
| 第19回大会(2010) | デリー(インド) |
| 第20回大会(2014) | グラスゴー(スコットランド) |
| 第21回大会(2018) | ゴールドコースト(オーストラリア) |

　コモンウェルスゲームについても、オリンピックやFIFAワールドカップと同じように、イベントにあわせて法が制定されていることから、以下確認する。

## 2.4.1　オーストラリア

### 2.4.1.1　2006年コモンウェルスゲーム

　2006年にメルボルンで開催されたコモンウェルスゲームにおける大会の表示やイメージの商業目的の利用に関して、ビクトリア州法のCommonwealth Games Arrangements Act 2001 of Victoriaが制定されており（2011年12月31日に完全失効）、そこではコモンウェルスゲームの開催のために必要な様々な事項が定められていた。

　さらに、オーストラリア法として以下の法が制定されている。

| 法律名称 | Melbourne 2006 Commonwealth Games (indicia and images) Protection Act 2005 |
|---|---|
| 制定の時期 | 2005年6月26日 |
| 保護される標章 | 以下を総称して、"Melbourne 2006 Games Indicia & Images"）(7条)<br>●合理的な者が、メルボルン2006 Commonwealth Gamesと関連があると考えるであろう視覚的又は音声的な表示<br>●以下のフレーズのいずれか:<br>　(i) "Melbourne 2006 Commonwealth Games";<br>　(ii) "Melbourne Commonwealth Games";<br>　(iii) "Melbourne Games";<br>　(iv) "Melbourne 2006 Games";<br>　(v) "Commonwealth Games";<br>　(vi) "Australian Commonwealth Games";<br>　(vii) "Friendly Games";<br>　(viii) "Queen's Baton Relay";<br>　(ix) "Commonwealth Games Cultural Program"; |

2 各国で制定されている「アンブッシュ・マーケティング規制法」

| | |
|---|---|
| | (x) "Melbourne 2006 Cultural Program";<br>(xi) "M06 Cultural Program";<br>(上記 (i), (iv) and (x)において、"2006"が単語表記か数字表記かは問わない)<br>● "M06" 又は "M2006"<br>● List Aの項目とList Bの項目の組み合わせ<br><br>**Melbourne 2006 Commonwealth Games indicia**<br><br>| Item | List A indicia | List B indicia |<br>|---|---|---|<br>| 1 | "Two thousand and six"<br>"2006"<br>"18th"<br>"XVIIIth"<br>"Eighteenth" | "Commonwealth Games"<br>"Games" |<br>| 2 | "Commonwealth Games"<br>"Commonwealth Games athlete" | "Gold"<br>"Silver"<br>"Bronze" |<br>| 3 | "Australian Commonwealth Games team" | "Melbourne"<br>"Melbourne 2006"<br>"Melbourne two thousand and six"<br>"M2006" |<br><br>● 英語以外における上記の表現 |
| 第三者に対する制限の内容 | ● "Melbourne 2006 Games Indicia & Images"を、商業目的で使用することを禁止（12条） |
| 使用差止・損害賠償請求権者 | ● 運営会社又は標章の使用許諾を得た者は、12条に違反した者に対して、差止め請求、損害賠償請求をすることができる。(31条、34条) |
| その他の特徴 | ● 2006年6月30日に本法は失効した。 |

※ http://www.comlaw.gov.au（2013年9月21日確認）。

## 2.4.1.2　2018年コモンウェルスゲーム

ゴールドコーストで開催される2018年コモンウェルスゲームのためにクイーンズランド州法が制定されている。

| 法律名称 | Commonwealth Games Arrangements Act 2011 (Queensland) |
|---|---|
| 制定の時期 | 2011年（2012年1月1日発効）(注30) |
| 保護される標章 | ● Commonwealth Games Federation("CGF")の図形マーク<br>● Australian Commonwealth Games Association("ACGA")の図形マーク<br>● 大会の図形マーク<br>● CGFを意味する表現)<br>● ACGAを意味する表現 |

|  |  |
|---|---|
|  | ●大会に関する以下の表現<br>1　Australian Commonwealth Games<br>2　Coast 2018 Games<br>3　Coast Games<br>4　Comm Games<br>5　Commonwealth Games<br>6　GC18<br>7　GC2018<br>8　Gold Coast 2018 Commonwealth Games<br>9　Gold Coast 2018 Cultural Program<br>10　Gold Coast 2018 Games<br>11　Gold Coast Commonwealth Games<br>12　Gold Coast Games<br>13　GOLDOC<br>14　Queen's Baton Relay<br>及び、以下のColumn1の項目とColumn2の項目を組み合わせた表現<br><br>|  | Column 1 | Column 2 |<br>|---|---|---|<br>| 1 | -2018-<br>-21st | -Commonwealth Games<br>-Games |<br>| 2 | -Commonwealth Games<br>-Commonwealth Games Athlete | -Gold<br>-Silver<br>-Bronze |<br>| 3 | -Australian Commonwealth Games Team | -Gold Coast<br>-Gold Coast 2018<br>-GC2018 |<br>| 4 | -Games<br>-Commonwealth Games-<br>-Australian Commonwealth Games Team | -Partner<br>-Sponsor<br>-Provider<br>-supplier | |
| 第三者に対する制限の内容 | ●商業目的、広告宣伝・マーケティング等の目的(商業上の利益のためか否かは無関係)、又は大会運営者、大会、大会関係活動との間に後援関係(sponsorship)にあると合理的な者が考える場合において、上記の保護される標章を使用すること。刑事罰あり(49条、51条)<br>●大会運営者、大会又は大会関係活動と後援関係(sponsorship)があると誤認させるような活動をすること。刑事罰あり(52条(1))<br>●自らの商品・役務が、大会運営者、大会又は大会関係活動と関連(affiliation)があると誤認させるような活動をすること。刑事罰あり(52条(2)) |
| 使用差止請求権者 | ●CGF, ACGA又は保護された標章の使用許諾を受けた者は、51条や52条違反した者に対して、差止め請求、損害賠償請求することができる。(58条〜64条) |
| その他の特徴 | ●運営会社のBoardは8人で構成され、知事(Governor)により任命されなければならない。(14条) |

※ http://www.legislation.qld.gov.au（2014年9月28日確認）。

### 2.4.1.3 小括

オーストラリアにおけるコモンウェルスゲームに関するアンブッシュ・マーケティング規制法について、2005年の Melbourne 2006 Commonwealth Games (indicia and images) Protection Act 2005 が国の法であったのに対して、2011年の Commonwealth Games Arrangements Act 2011 がクイーンズランド州法となっているとの違いはある。これは、2011年クイーンズランド州法は2018年コモンウェルスゲームのためのものとして早期に制定したもので、その後国の法が制定される可能性がある。現に2006年大会のために、2001年にビクトリア州法が制定され、その後2005年にオーストラリア法が制定されている。

いずれの法も、保護される標章を特定の単語として指定するのではなく、当該イベントを意味する際に用いられるであろう表現を指定しようとしている。そして、それら標章を商業的に用いることを規制している。

加えて、法律の定め方は異なるものの、いずれも保護される標章として特定されていない場合でも、大会運営者、大会又は大会関係活動に後援関係や関連があると合理的に考えられるような表記についても、第三者が使用することを禁止している。

## 2.4.2 英国

2014年グラスゴーにて開催されるコモンウェルスゲームのための法である。

| 法律名称 | Glasgow Commonwealth Games Act 2008 |
|---|---|
| 制定の時期 | 2008年 |
| 保護される標章 | 特に定めなし |
| 第三者に対する制限の内容 | ●禁止期間中、大会関連場所の近隣の屋外にて、取引行為をすること(2条)<br>●禁止期間中、大会関連場所の近隣で広告宣伝活動をすること(10条)<br>●大会チケットを高額で販売しようとする行為(ticket touting)(17条)<br>●いずれ違反行為に対して、刑事罰の対象(35条) |
| 使用差止・損害賠償請求権者 | 特に定めなし |
| その他の特徴 | ●大会関連場所の近隣における広告宣伝についてのガイドラインを発行するのは、大会組織委員会である。(16条) |

※ http://www.legislation.gov.uk (2014年7月21日確認)。

さらに、グラスゴーにて開催されるコモンウェルスゲームのための命令（Order）が発行されている。

| 法律名称 | Glasgow Commonwealth Games Act 2008(b) (Games Association Right) order 2009 |
|---|---|
| 制定の時期 | 2009年 |
| 保護される標章 | 以下を総称して、Glasgow Commonwealth Games association rightという。<br>● 商品、サービス又はそれらを提供する者とグラスゴーコモンウェルスゲームとの間に関連があると、公衆に示唆する表現(4条(1)) |
| 第三者に対する制限の内容 | ● 商品、サービス又はそれらを提供する者とグラスゴーコモンウェルスゲームとの間に関連があると、公衆に示唆する表現を、商品、サービスについて取引上、使用した場合は、Glasgow Commonwealth Games association right侵害となる。(5条) |
| 使用差止・損害賠償請求権者 | ● 大会組織委員会(14条、15条乃至17条) |
| その他の特徴 | ● 本命令は、2010年1月20日に発効し、グラスゴーコモンウェルスゲームの閉会式後6か月を経過したときに失効する(19条) |

※ http://www.legislation.gov.uk（2014年7月21日確認）。

　ここでは、法と命令の組み合わせにより、まずは大会関連場所近隣での取引行為、広告宣伝行為並びに大会チケットのいわゆるダフ屋行為を禁止することを定めている。

　さらに、大会と関連があるかのように示唆する表現の使用について禁止している。どのような表現が、商品、サービス又はそれらを提供する者とグラスゴーコモンウェルスゲームとの間に関連があると公衆に示唆する表現に該当するのかの判断基準は命令には特に示されていない。グラスゴー大会の組織委員会が、Glasgow Commonwealth Games association right を侵害する場合として、包括的ではないとした上で、以下のリストAのいずれかの2つを用いた場合、又はリストAのいずれかと、リストBのいずれかを一緒に用いた場合を掲げている(注31)。その結果、「Supporters of the 2014 Games」、「Going for gold in 2014」、「Glasgow Games」などの表現は、侵害になるとしている。

| リストA | リストB |
|---|---|
| Games<br>Two Thousand and fourteen<br>2014<br>XXth | Glasgow<br>Medals<br>Sponsors<br>Gold<br>Silver<br>Bronze |

また、Glasgow Commonwealth Games association right を侵害の場合には、大会組織員会は差止請求、損害賠償に加えて、当該表現の削除、侵害品の引渡しや破壊を請求することもできる。

### 2.4.3 小括

オーストラリアで制定されている 2005 年法及び 2011 年制定のクイーンズランド州法の2つの法は、保護される標章として法律にて特定するものについて、出所表示機能を果たす態様での使用の場合に限らず、商業目的で使用することを禁止している（A及びBのタイプの活動への規制）。

また、保護される標章として特定されたものは、開催都市名のアルファベット略称と西暦年の組み合わせのものも含め、広い範囲で指定している。これにより、コモンウェルスゲームに関する標章を用いないタイプの活動（Cのタイプの活動）についても、規制されている。オーストラリアでのオリンピックのためのアンブッシュ・マーケティング規制法（Sydney 2000 Games (Indicia and Images) Protection Act 1996）では、使用が規制される文言について、法のなかに示された文言の組み合わせに限定されていたのに対して、2005 年法及び 2011 年クイーンズランド州法のいずれも、法の中で示された文言に限定されない。

英国法は、命令（Order）により規制の内容を明確にすることで、A乃至Cのタイプの活動を規制する方法を採っている。

競技場周辺での商業行為や広告宣伝行為については（Dのタイプの活動）、オーストラリアの規制は確認できていないが、英国では明確に規制し、刑事罰の対象になっている。

なお、コモンウェルスゲームなので英連邦で開催されるものであるが、オーストラリアと英国で制定された法は確認できている一方で、2010年デリー大会のためのインドの法は確認できていない。

## 2.5 イベント主催者とは無関係に立法された例

本章にてここまで検討したものは、次章で詳述するが、大規模スポーツイベントを招致するにあたって、IOCやFIFAといった主催者からイベント開催の条件が付され、それに対応して法律が制定されたものである。しかしながら、必ずしもイベント主催者とは関係なく立法化されているものも存在する。ここでは、米国の例、ニュージーランドの例を紹介する。

ここでも、それぞれの法について、保護される標章、第三者による使用制限の内容、使用差止・損害賠償請求権者、その他の特徴の観点から分析する。

### 2.5.1 米国

| 法律名称 | Ted Stevens Olympic and Amateur Sports Act |
|---|---|
| 制定の時期 | 1998年(Amateur Sports Act of 1978を一部改正したもの) (注32) |
| 保護される標章 | ●United States Olympic Committeeの名称<br>●オリンピック・シンボル、パラリンピック・シンボル、Pan-American Sports Organizationのシンボル<br>●米国オリンピック委員会の標章<br>●Olympic, Olympiad, Citius Altius Fortius, Paralympic, Paralympiad, Pan-American, American Espirito Sport Fraternite及びこれらを組み合わせたもの　(6条) |
| 第三者に対する制限の内容 | 米国オリンピック委員会の同意なく、商品やサービスの販売のために、又は劇場型展示、運動行為又は競技会を広めるために、以下のいずれかを取引上使用すること<br>●保護される標章<br>●米国オリンピック委員会、オリンピック、パラリンピック又はPan American Gamesの活動と混同や誤認を生じさせたり、それらに関連があると惑わせたり、偽ったりする言葉の組み合わせや見せかけた言葉<br>●国際オリンピック委員会、国際パラリンピック委員会、Pan American Sports Organization又は米国オリンピック委員会と関連があるかのように、又は許諾されているかのように表示する商標、取引名称、標識、シンボル、表示(6条(c)) |

## 2 各国で制定されている「アンブッシュ・マーケティング規制法」

| 使用差止・損害賠償請求権者 | ●米国オリンピック委員会 アメリカ商標法(ランハム法)に定める救済を得ることができる。(6条) |
|---|---|
| その他の特徴 | ●本法は、オリンピックにおける米国の成績向上を目的とし、米国オリンピック委員会に権限を与えることを目的としたもの。 |

※ http://www.law.cornell.edu（2014年7月7日確認）。

　本法は、1998年改正までは、米国オリンピック委員会の同意なく、商品やサービスの販売のために、又は劇場型展示、運動行為又は競技会を広めるために、(1)国際オリンピック委員会のシンボル、(2)米国オリンピック委員会の標章、(3)国際オリンピック委員会又は米国オリンピック委員会と関連があるかのように、又は許諾されているかのように表示する商標、取引名称、標識、シンボル、表示、又は(4)米国オリンピック委員会又はオリンピックの活動と混同や誤認を生じさせたり、それらに関連があると惑わせたり、偽ったりする言葉の組み合わせや見せかけた言葉を、取引上使用することを禁止していた(注33)。さらには、Amateur Sports Act of 1978 に改正される前の1950年9月21日付け Public Law 805（36 USC 379）の Sec.9 では、商業目的で、上記の保護される標章、または米国オリンピック委員会やオリンピックと関連があると誤認を生じさせるような類似した標章を使用することが、違法であることを定めていた(注34)。

　1998年改正前の法に関連するものであるが、判例がいくつか存在する。例えば、レークプラシッドオリンピックの際の選手村の施設をその後刑務所とする計画に反対する「STOP THE OLYMPIC PRISON」及びオリンピック・シンボルを表示したポスターについて争われた Stop The Olympic Prison v. United States Olympic Committee (489 F. Supp 1121 (SDNY 1980)) では、判決の中で「(Amateur Sports Act of 1978 は) オリンピック・シンボルに対して強力な保護を確立するもの、その一部として、その使用許諾のマーケティング上の価値を確保するため」のものであると判示している（なお、この事件で、ポスターでの使用は、取引上の使用でも、商品やサービスを販売するため等の目的でもないとして、本法の適用は認められなかった)。 その後の判決（International Olympic Committee et al v. San Francisco Arts & Athletics et al 219 USPQ 982 (1982)、United States Olympic Committee v. International Federation of Bodybuilders, et al 219 USPQ 353 (1982) など）

でも、同様の判示がされている。

さらに、1982年に「Gay Olympic Games」と称するイベントを開催しようとした者に対して、米国オリンピック委員会らが提訴した事件の最高裁判決（San Francisco Arts & Athletics, Inc., et al v. United States Olympic Committee et al 483 US 522（1987））において、(1)混同を生じるか否かは関係なく、米国オリンピック委員会に「Olympic」との単語の使用について独占的な管理権を付与するものであり、米国商標法に定められている商標法に関する抗弁は認められないこと、(2)米国オリンピック委員会に独占権を付与することは、米国憲法修正1条に反するものではないこと、(3)米国オリンピック委員会に、混同のおそれが生じることを証明することなく、「Olympic」の単語の商業的及び販売促進上の使用を禁止する権限を与えることは、米国憲法修正1条に反するものではないこと、(4)米国オリンピック委員会は政府機関ではなく、政府による行為とも認められないから、米国オリンピック委員会の権限行使は、米国憲法修正5条に定める公正な手続による平等に反するものでもないことを判示している。「Olympic」との単語についての判決であるが、商標法に定める権利よりも広い権限を米国オリンピック委員会に法により付与され、行使が許されることが、最高裁判決で明確に示されている。

## 2.5.2 ニュージーランド

| 法律名称 | Major Events Management Act 2007 |
|---|---|
| 制定の時期 | 2007年 |
| 保護される標章 | ●オリンピック・シンボル<br>●ニュージーランドオリンピック委員会の標章、マスコットキャラクター<br>●ニュージーランドコモンウェルス委員会の標章、マスコットキャラクター<br>（以上、28条　Schedule Part 1）<br>●Commonwealth Games, Five Ring Olympic Symbol, Five Ring Olympic Symbol with a Fern Leaf, International Olympic Committee, New Zealand Commonwealth Games Team, New Zealand Commonwealth Youth Games Team, National Olympic Committee, New Zealand Olympic and Commonwealth Games Association Incorporated, New Zealand Olympic Incorporated, New Zealand Olympic Team, New Zealand Youth Olympic |

2 各国で制定されている「アンブッシュ・マーケティング規制法」

| | |
|---|---|
| | Festival Team, New Zealand Youth Olympic Team, New Zealand Youth Olympic Winter Team, Olympic Games, Olympic Gold,<br>● 上記標章のいずれかを短縮・変更したもの、及び上記標章と同じ・類似の意味を有する名称<br>（以上、28条　Schedule Part 2）<br>● Innsbruck 2012, London 2012, Sochi 2014, Glasgow 2014, Rio de Janeiro 2016, Rio 2016,下記のColumn AのいずれかとColumn Bのいずれかの組み合わせ<br><br>\| Column A \| Column B \|<br>\|---\|---\|<br>\| Commonwealth<br>Games<br>Olympiad<br>Olympian<br>Olympic<br>Olympics<br>Winter Olympics \| Innsbruck<br>London<br>Sochi<br>Glasgow<br>Rio de Janeiro<br>Rio<br>2012<br>2014<br>2016<br>First<br>1st<br>I<br>Twentieth<br>20th<br>XXth<br>26th<br>Twenty-sixth<br>XXVIth<br>29th<br>Twenty-ninth<br>XXIXth \|<br><br>● Games City, Gold Gamesとの表現<br>● 上記の表現の短縮、延長、又は変更した言葉、及び上記標章と同じ・類似の意味を有する言葉<br>（以上28条Schedule Part 3）（注35） |
| 第三者に対する制限の内容 | ● ニュージーランドオリンピック委員会の許諾なく、商業目的で、以下の標章を使用することを禁止（28条）<br>　― 保護される標章<br>　― 保護される標章と類似の標章を使用し、混同を生じさせるおそれを生じさせること<br>例外として、保護される標章の使用が許される場合が列記されている。（30条）<br>● Major Eventの保護期間中、商品やサービス、それらのブランド又はそれらを提供する者とMajor Eventとが関連があると合理的に想起させる表現をすること（10条） |

|  | ● イベント運営者 (Major event Organiser)の書面による許諾なく、指定された期間において設定されたクリーンゾーン(Clean Zone)で、販売活動をすること、クリーンゾーンの外にいる者がクリーンゾーン内にいる者に対して販売活動をすること(17条)<br>● イベント運営者の書面による許諾なく、指定された期間において設定されたクリーンゾーンで、広告宣伝活動をすること(18条)<br>● イベント運営者の書面による許諾なく、指定された期間において設定されたクリーンゾーンから明らかに視認できる方法で、広告宣伝活動をすること(19条)<br>● イベント運営者の書面による許諾なく、指定された期間において設定された場所(クリーントランスポートルート(clean transport route))で、広告宣伝活動をすること(20条)<br>● イベント運営者の書面による許諾なく、イベントのチケットを、設定されている価格より高額で、販売又は取引すること(25条) |
|---|---|
| 使用差止・損害賠償請求権者 | ● 28条違反の場合は、ニュージーランドオリンピック委員会(33条)<br>● 10条、17条乃至20条、25条違反の場合は、イベント運営者、イベント運営者から許諾を得た場合は、当該イベントのスポンサー(49条) |
| その他の特徴 | ● 上記の28条違反に該当する標章は、登録責任官庁は商標登録してはならない(34条)<br>● オリンピック及びコモンウェルスゲームに関しては恒常的に保護される対象である。さらに、Major Eventと指定されたイベントについて、本法に基づき保護が与えられる(7条)。Major eventに関する標章や保護される期間を指定される(8条、9条)<br>● 本法を施行することで、大きなイベントを招致し、ニュージーランドに経済的、社会的、文化的な利益を与えることを目的にしたものである(注36)。 |

※ New Zealand Legislation ホームページ：http://www.legislation.govt.nz （2014年7月7日確認）。

　このニュージーランド法の特徴は、London2012 や Rio 2016 などの開催都市と開催年を組み合わせた表示を含めたオリンピックやコモンウェルスゲームに関する標章に限定することなく、広く Major Event の標章の保護及びアンブッシュ・マーケティングへの対策を目的としている。例えば、2011 年に同国で開催されたラグビーワールドカップ(Rugby World Cup 2011)も、7条以下に基づき該当イベントと指定がされており、2008年9月11日から2011年11月21日までの期間、保護が与えられている(注37)。また、2010年に開催された世界ボート選手権（World Rowing Championships 2010）も同様に指定されており、2010年1月18日から2010年11月30日までの期間、保護が与えられている(注38)。

　関連させることによるアンブッシュ・マーケティング（ambush marketing by association）として、10条にてイベントと関連と合理的に想起させる表現を禁止するだけでなく、侵入によるアンブッシュ・マーケティング（ambush marketing by intrusion）として、17条乃至20条にて、イベント運営者の許諾を得ることなく、指定された期間において設定された場所での販売活動や広告宣伝活動を禁止している。

### 2.5.3 小括

　ここで取り上げた法律は、イベント主催者とは無関係に制定されたものであり、米国の場合は、オリンピック代表のアメリカ選手団の強化のための政策のために制定されたものであり、ニュージーランドの場合は、大規模スポーツイベントを招致することを有利にすることを目的としたものである。その一方で、標章の保護又はアンブッシュ・マーケティング対策の機能を有するものであることは間違いなく、大規模なイベント等を開催することが決定する前から予めアンブッシュ・マーケティングの規制をすることで、代表チームの強化費用を獲得することや大規模イベントの開催国になるといった政策的な目的の実現を図ろうとするものである。

　米国の場合は、制定当初はオリンピックだけを対象にしたものであったが、1998年にパンアメリカンゲーム（Pan American Games）も対象としたものに改正されている。オリンピックやパンアメリカンゲームに関する標章を使用した活動（A及びBのタイプの活動）についての規制がまずあり、広い範囲でオリンピックやパンアメリカンゲームに関する標章を保護される標章として指定している。さらに、イベントに関する標章を使用しない活動に対しても（Cのタイプの活動）についても、規制する内容になっている。

　ニュージーランドの場合は、オリンピック及びコモンウェルスゲームについては恒常的に対象にした上で、大規模イベントがニュージーランドで開催される際には、そのイベントの標章を保護される標章として指定する方式になっている。そして、イベントに関する標章を保護される対象として広く指定して、商業目的でそれら標章を使用することを規制している（A及びBのタイプの活動に対する規制）。イベントに関する標章を使用しない活動の場合にも、イベントと関連があると合理的に想起させる表現を使用することについて、関連させることによるアンブッシュ・マーケティング（ambush marketing by association）として規制している（Cのタイプの活

動に対する規制)。さらに、侵入によるアンブッシュ・マーケティング (ambush marketing by intrusion) として、指定された期間において設定された場所での販売活動や広告宣伝活動を禁止している (Dのタイプの活動に対する規制)。

## 2.6 その他の法

### 2.6.1 オーストラリア：自動車レース等のための州法

　オーストラリアでは、比較的古くから自動車レースのための州法を制定している歴史がある。また、自動車レースのためだけでなく、大規模イベントのために定められた州法も存在する。以下、年代が古いものから順にみていく。

#### 2.6.1.1　オーストラリアグランプリ（アデレード大会）

| 法律名称 | South Australia Motor Sport Act 1984 （South Australia） |
|---|---|
| 制定の時期 | 1984年 |
| 保護される標章 | ● "South Australian Motor Sport Board", "Adelaide 500 Board", "Sensational Adelaide 500 Board" 及び規則で定めた運営組織 (Board)の名称(28条)<br>● "Adelaide 500", "Sensational Adelaide 500", "Classic Adelaide", "Race to the Eagle"との表現, それらはモータースポーツイベントを言及していると合理的に考えられる表現である<br>● "Adelaide Alive", それは、運営組織(Board)によるイベントを言及していると合理的に考えられる表現である<br>● 運営組織(Board)によるイベントや活動に関する名称、タイトル又は表現で、官報にて通知されたもの(28AA条) |
| 第三者に対する制限の内容 | ● 商取引活動において、運営組織(Board)の同意なく、保護される標章から成る又は保護される標章を含む表現を使用する行為をすること。刑事罰の定めあり(28A条(2)(3)) |
| 使用差止・損害賠償請求権者 | ● 運営組織(Board)は、差止請求、損害賠償請求をすることが可能(28A条(5)(6)) |
| その他の特徴 | ● 運営組織(Board)の構成は、知事(Governor)の任命による9人により構成され、2名はアデレード市から、1名はオーストラリアモータースポーツ連盟から、残りは州政府大臣(Minister)よりの候補者による。<br>● 必ず男女から構成されていなければいけない(少なくとも1名の女性・少なくとも1名の男性)。(5条) |

※ http://www.legislation.sa.gov.au（2014年9月28日確認）。

このサウスオーストラリア州法では、保護される標章を、運営組織（Board）の同意なく、商取引活動において使用することを制限するものである。

### 2.6.1.2 クイーンズランドにおける自動車レース

| 法律名称 | Motor Racing Events Act 1990 (Queensland) |
|---|---|
| 制定の時期 | 1990年 |
| 保護される標章 | ●Queenslandにおいて開催される自動車レースイベントのマーク(具体的な特定は法の中ではされていない) (2A条(g)) |
| 第三者に対する制限の内容 | ●商取引活動において、運営組織(Board)の同意なく、保護される標章から成る又は保護される標章を含む表現を使用する行為をすること。刑事罰の定めあり(28A条(2)(3)) |
| 使用差止・損害賠償請求権者 | ●運営者(Promoter)は差止め請求、損害賠償請求をすることが可能(45条(5)(6)) |
| その他の特徴 | ●州政府大臣(Minister)は、必要と考えた場合には、自動車レースの運営者(Promoter)に対して、自動車レースに関してすべきこと又はすべきでないことを指示することができる。(15条) |

※ http://www.legislation.qld.gov.au（2014年9月28日確認）。

このクイーンズランド州法でも、保護される標章を、運営者（Promotor）の同意なく、商取引活動において使用することを制限するものである。

### 2.6.1.3 オーストラリアグランプリ（メルボルン大会）

| 法律名称 | Australian Grand Prix Act 1994 (Victoria) |
|---|---|
| 制定の時期 | 1994年 |
| 保護される標章 | ●スケジュール2に記載の大会ロゴ又はその一部<br>●Formula Oneイベントの名称又はタイトル<br>●"Grand Prix", "Formula One", "Formula 1", "Albert Park Circuit", "Grand Prix Rally", "What a Great Place for the Race", "What a Great Place for the Great Race", "What a Great Place", "Australian Motorcycle Grand Prix", すなわちFormula Oneイベント又はAustralian Motorcycle Grand Prixイベントを言及すると合理的に考えられる表現である<br>●上記の組み合わせによる表現(3条) |
| 第三者に対する制限の内容 | ●商取引活動において運営会社(Corpration)の同意なく、保護される標章から成る又は保護される標章を含む表現を使用する行為をすること。刑事罰の定めあり(44条(2)) |
| 使用差止・損害賠償請求権者 | ●運営会社(Corporation)は差止め請求、損害賠償請求をする。 |

| | |
|---|---|
| その他の特徴 | ●運営会社（Corporation）の構成は、知事（Governor）の任命による少なくとも5人多くとも9人により任命されたものから成る。<br>●知事（Governor）は、運営会社のChairmanを任命することとし、また、知事はDeputy Chairmanを任命することができる。(10条) |

※ http://www.austlii.edu.au（2014年9月28日確認）。

このビクトリア州法も、保護される標章を、運営会社（Corpration）の同意なく、商取引活動において使用することを制限するものである。

### 2.6.1.4 シドニーにおける自動車レース

| 法律名称 | Homebush Motor Racing (Sydney 400) Act 2008 (New South Wales) |
|---|---|
| 制定の時期 | 2008年 |
| 保護される標章 | ●官報に掲載されたロゴ、シンボル、その他のデザイン<br>●"Sydney 400"とのイベントタイトル、すなわち、この自動車レースを言及していると合理的に考えられる表現、及び官報に記されたその他のタイトル（35条(3)） |
| 第三者に対する制限の内容 | ●商業目的で、Promoterの許諾なく、保護される標章から成る又は保護される標章を含む表現を使用する行為をすること。刑事罰の定めあり（35条(1)）<br>●州政府大臣（Minister）は、一定の期間、広告を規制する地域（上空を含む）を定めることができる。(37条、38条) |
| 使用差止・損害賠償請求権者 | ●使用差止めに関する条項はない模様。<br>ただし、Promoterの許諾なく、レースを撮影したものに対して、Promoterは損害賠償請求できる、といった場合分けをした規定が存在する。(36条(3)) |
| その他の特徴 | ●州政府大臣（Minister）は、自動車レースを行うため権限を得たいと申請することができる者を承認することができる。(13条) |

※ http://www.legislation.nsw.gov.au（2014年9月28日確認）。

このニューサウスウェールズ州法も、保護される標章を、運営会社（Corpration）の同意なく、商取引活動において使用することを制限するものである。また、上空も含めて一定の範囲の地域について、広告を規制することも定めている。

## 2.6.1.5　大規模スポーツイベントのための州法

| 法律名称 | Major Sporting Events Act 2009 (Victoria) |
|---|---|
| 制定の時期 | 2009年 |
| 保護される標章 | 保護されるイベントとして指定されるイベントのロゴ、イメージ、マスコット、エンブレム、その他のデザイン又はそれらの一部（3条及び31条） |
| 第三者に対する制限の内容 | ●イベント運営者の許諾なしに、保護される標章を使用してはいけない。刑事罰あり（38条）<br>●自らの商品・役務が、イベント、イベント運営者又はイベント関係活動と後援（sponsorship）・承認（approval）又は関連（affiliation）があると誤認させるような活動をすることを禁止。刑事罰あり（37条(1)）<br>●自らが、イベント、イベント運営者又はイベント関係活動と後援（sponsorship）・承認（approval）又は関連（affiliation）があると誤認させるような活動をすることを禁止。刑事罰あり（37条(2)）<br>●イベントにおいて航空広告宣伝禁止期間中に、商業的な航空広告宣伝をしてはならない。刑事罰あり（125条） |
| 使用差止・損害賠償請求権者 | ●イベント運営者又は保護された標章の使用許諾を受けた者は、37条や38条違反した者に対して、差止請求、損害賠償請求することができる。（3条、45条、48条）<br>●イベント運営者又は保護された標章の使用許諾を受けた者は、125条違反した者に対して、差止請求及び損害賠償請求することができる。（131条、133条） |
| その他の特徴 | ●2007年の航空広告に関する法律、2003年の群集管理に関する法律、2002年のスポーツイベントのチケット販売に関する法律を統合することを目的とした法律 |

※ http://www.legislation.vic.gov.au（2014 年 9 月 28 日確認）。

　このビクトリア州法は、保護される標章を、運営会社（Corpration）の同意なく、商取引活動において使用することを制限するものであり、また、保護される標章を使用しない場合においても、イベントと後援（sponsorship）・承認（approval）又は関連（affiliation）があると誤認させるような活動についても制限する。また、上空も含めて一定の範囲の地域について、広告を規制することも定めている。

## 2.6.1.6　小括

　自動車レースに関する州法は、自動車レースに関する標章、都市名と数字を組み合わせた標章などを保護される標章として指定し、その標章又はその

標章を含む表示を商取引行為に使用することを禁止するものである。当該自動車レースを言及していると合理的に考えられる表現を、保護される標章として予め指定している。これによって、商取引行為において、自動車レースの標章を使用するタイプだけでなく、自動車レースの標章を使用しないタイプのアンブッシュ・マーケティング、すなわちA乃至Cのタイプのアンブッシュ・マーケティングを規制している。更に、上空も含めて一定の範囲の地域について、広告を規制することで、Dのタイプのアンブッシュ・マーケティングを規制するものも存在する。

2009年に制定された大規模イベントに関連するビクトリア州法は、イベントについての標章を保護される標章としている一方で、イベントと後援（sponsorship）・承認（approval）又は関連（affiliation）があると誤認させるような活動について制限している。さらに、上空も含めて一定の範囲の地域について、広告を規制することも定めている。こうしてA乃至Dのアンブッシュ・マーケティングを規制するものである。

## 2.6.2 米国:NFL(National Football League)スーパーボウル開催のための条例

### 2.6.2.1 NFLスーパーボウル開催のための条例

アメリカンフットボールのチャンピオンを決定するNational Football League（以下、「NFL」という）スーパーボウルのために、開催都市において条例が制定されている。

例えば、2013年2月3日に第47回NFLスーパーボウルが開催されたニューオーリンズにおいて、2012年7月11日に制定し、同年12月6日に修正された条例では、以下のような定めをしている(注39)。スーパーボウルが開催される競技場を囲む一定の地域を、道路・通りの名称を指定することでクリーンゾーンとして規定し(注40)、そのクリーンゾーンにおいて2013年1月28日午前6時から同年2月5日午後6時までの期間、市及びNFLの両方の許諾がない限り、①公道又はその脇において、取引を行うことはできない、②公道又はその脇、建物の外側で、食べ物や飲み物を販売することは

## 2 各国で制定されている「アンブッシュ・マーケティング規制法」

できない、③公道又はその脇、建物の外側で、商品の販売や取引を行うことはできない、④条例の定めに基づき許諾された場合を除き、屋外で飲用されるために、アルコール飲料は提供されたり、販売されたりできない、⑤公道又はその脇、建物の外側での商品の販売や取引についての一切の許可は停止される、⑥特定の承認された場合を除き、公道又はその脇、建物の外側での食べ物や飲み物を販売についての許可は停止される、⑦特定の承認された販売店は、NFL スーパーボウルのスポンサーやパートナーと競合するブランドやその広告は掲出してはならない、⑧ 2013 年 1 月 28 日から同年 2 月 5 日までの間、移動販売カートは禁止される、⑨すべての模倣品、違法な商品、正式な許諾を受けていない商品の販売は禁止される、⑩市及び NFL から許諾されたものを除き、空気などで膨らませるもの（inflatables）、バルーン、幕、三角旗、旗、建物を覆うこと、骨組みされた標識、投影される標識、電子的なメッセージサイン、ダイオードによる表示、その他の表示は禁止される、⑪市及び NFL から許諾されたものを除き、宣伝広告（車両、持ち運びできる物や人に付した広告物も含む）は禁止される、⑫市及び NFL から許諾されたものを除き、臨時の構造物の建設、設置、専有、使用は、禁止される、⑬市及び NFL から許諾される臨時の構造物は、白のものに限られる、⑭ NFL から許諾されたものを除き、無線の移動通信用の設備の設立や設置は禁止される、⑮ NFL から許諾されたものを除き、無料の商品、サービス又はクーポンの配布（いわゆるサンプリングと称される活動）やその他の販促用景品の配布は、禁止される[注41]。さらに、4 条において、市により承認される臨時の掲出物は、スーパーボウル又は NFL に関する表示が少なくとも 60%、販売者等の商業的な表示は 40% を超えない構成でなければならないと定められている[注42]。

なお、このニューオーリンズの条例については、アメリカ合衆国憲法の保障する自由を制限するものであるとして、すなわち当該条例は修正 1 条及び修正 14 条違反であるとして、2013 年 1 月 25 日に提訴されている[注43]。その後、当該条例は商業行為に対して適用されるものであり、非商業行為に対しては適用しないこと、当該条例 4 条の承認される臨時の掲出物に関する条項は適用しないことなどを内容とする和解が、同年 1 月 28 日に成立している[注44]。

2014年にNFLスーパーボウルが開催されたニュージャージー州ジャージーシティでも、2014年1月27日午前6時から同年2月4日午後6時までの期間にクリーンゾーンとして指定された地域にて、ニューオーリンズと同様の規制をする条例が制定されている(注45)。2012年2月5日に第46回NFLスーパーボウルが開催されたインディアナポリスでも、同様の条例が制定されており(注46)、クリーンゾーンと指定された地域は半径1マイルの広さであった(注47)。

2011年に第45回NFLスーパーボウルが開催されたテキサス州アーリントンでも、同様の条例を制定し、またNFLスーパーボウルとは別の例であるが、NCAA（National Collegiate Athletic Association）のバスケットボール大会のために2014年3月25日から同年4月8日まで適用される条例も制定されている(注48)。2014年にMLBオールスターゲームが開催されたミネアポリスでも、2014年7月5日から同月20日までの15日間、中心街を含む一定の地域において、同様の規制をする条例が制定されている(注49)。

### 2.6.2.2　小括

NFLスーパーボウル開催のための条例は、概ね競技場及び関連イベントの周辺における販売行為等の商業活動や広告活動を規制するものである。すなわち、Dのタイプのアンブッシュ・マーケティングを規制するためのものである。

さらに、この条例は、文言上は商業活動に限らず、政治的な表現行為についても規制する内容になっていること、例外的に許諾される広告について、市だけでなくNFLの許諾も必要との定めになっている。

また、NFLスーパーボウルのためだけでなく、MLBオールスターゲームのためやNCAAバスケットボール大会のために同様の条例が制定されている事例がある。ただ、ニューオーリンズの条例のように、合衆国憲法に反する内容であるとして訴訟提起され、適用範囲を修正するに到っている例も存在する。

## 2.7 小括

本章で分析したそれぞれのアンブッシュ・マーケティング規制法について、本稿 2.1.2 で揚げた下記のアンブッシュ・マーケティングの主たる活動タイプに基づいて、整理する。

A. イベントのスポンサーである旨の虚偽の表示をする。
B. イベント関連の標章（イベント及びその関連行事で使用される標章）と同一・類似のマークを使用する。
C. イベント関連の標章と同一・類似のマークは使用しないが、イベントと関連があるかのような表示をする。このタイプの中には、さらにいくつかに分けられる。
D. イベント関連の標章と同一・類似のマークは使用しないが、イベント開催会場・競技場やその付近で、広告物の掲出や販売活動を行う。

▶⑴ A及びBのタイプの活動について

イベント関連の標章と同一・類似のマークを使用するものであるA及びBのタイプの活動については、オリンピックに関するアンブッシュ・マーケティング規制法では、ナイロビ条約も含めすべての法にて、出所表示機能を果たす態様での使用の場合に限らず、商業目的で使用することを禁止している。

FIFAワールドカップに関する法においても、大会や関連イベントの標章を用いた活動について、出所表示機能を果たす態様の使用に限らず、商業目的で使用することを禁止する。

コモンウェルスゲームに関するものでは、出所表示機能を果たす態様での使用の場合に限らず、商業目的で使用することを禁止している。

イベント主催者とは無関係に立法された米国法（Ted Stevens Olympic and Amateur Sports Act）の場合は、制定当初はオリンピックだけを対象にしたものであったが、1998年に改正され、オリンピックやパンアメリカンゲームに関する標章を使用した活動についての規制がまずあり、広い範囲でオリンピックやパンアメリカンゲームに関する標章を保護される標章として指定している。同様に、ニュージーランドの法（Major Events

Management Act 2007）は、オリンピック及びコモンウェルスゲームについては恒常的に対象にした上で、大規模イベントがニュージーランドで開催される際には、そのイベントの標章を保護される標章として指定する方式になっており、商業目的でそれら標章を使用することを規制している。

その他にもオーストラリアにおける自動車レース等に関する法についても、自動車レースに関する標章やその標章を含む表示を、商取引行為に使用することを禁止するものである

▶(2) Cのタイプの活動について

イベント関連の標章と同一・類似のマークは使用しないが、イベントと関連があるかのような表示をするCのタイプの活動については、オリンピックに関する法において、オーストラリア、カナダ、英国、ロシア、ブラジルの各法のなかで確認できている。オーストラリアでは、規制される態様が法のなかに示された文言の組み合わせに限定される一方で、カナダ及び英国は、法違反に該当するかどうかの判断基準として、一定の文言の組み合わせの例示がされており、ロシアやブラジルは法違反に該当するかどうかの基準は明示されていないとの違いはあるが、これらの国での規制範囲はオーストラリアでの規制よりも広いように思われる。但し、オーストラリアも、映像又は口頭の表現については、オリンピック・パラリンピックと関連があると想起させるものとなっており、その規制の範囲は文言の場合のように限定されてはいない。

FIFAワールドカップに関する法においても、ブラジルでは、イベントやFIFAと特別な関係にあるかのように第三者に誤認させるアンブッシュ行為についても禁止することが確認できている。

コモンウェルスゲームに関する法でも、コモンウェルスゲームに関する標章を用いないタイプの活動を規制されているが、使用が規制される文言について、オーストラリア2005年法及び2011年クイーンズランド州法のいずれも、法の中で示された文言に限定されない。英国2008年法は、命令（Order）により規制の内容を明確にする方法を採っている。

イベント主催者とは無関係に立法された米国法（Ted Stevens Olympic and Amateur Sports Act）は、イベントに関する標章を使用しない活動

についても、規制する内容になっており、ニュージーランドの法（Major Events Management Act 2007）は、イベントに関する標章を使用しない活動の場合にも、イベントと関連があると合理的に想起させる表現を使用することについて、関連させることによるアンブッシュ・マーケティング（ambush marketing by association）として規制している。

　オーストラリアにおける自動車レース等に関する法についても、当該自動車レースを言及していると合理的に考えられる表現を、保護される標章として予め指定している。これによって、商取引行為において、自動車レースの標章を使用するタイプだけでなく、自動車レースの標章を使用しないタイプのアンブッシュ・マーケティングを規制している。2009年に制定された大規模イベントに関連するビクトリア州法は、イベントについての標章を保護される標章としてしている一方で、イベントと後援（sponsorship）・承認（approval）又は関連（affiliation）があると誤認させるような活動について制限している。

### ▶(3) Dのタイプの活動について

　イベント関連の標章と同一・類似のマークは使用しないが、イベント開催会場・競技場やその付近で、広告物の掲出や販売活動を行うDのタイプの活動については、オリンピックに関する法において、オーストラリア、英国、ロシア、ブラジルにおいては、規制がされることも確認できた。

　FIFAワールドカップに関する法においても、ブラジル及びロシアでは、オリンピックに関する法にて確認できたものと同様、競技場内や競技場周辺の一定の範囲内での各種の広告・マーケティング活動についても規制する内容になっている。

　コモンウェルスゲームに関する法では、オーストラリアの規制は確認できていないが、英国では明確に規制し、刑事罰の対象になっている。

　ニュージーランドの法（Major Events Management Act 2007）は、侵入によるアンブッシュ・マーケティング（ambush marketing by intrusion）として、指定された期間において設定された場所での販売活動や広告宣伝活動を禁止している。

　その他として取り上げた法のひとつである2009年に制定された大規模イ

ベントに関して制定されたオーストラリアビクトリア州法は、上空も含めて一定の範囲の地域について、広告を規制することも定めている。また、米国内でのNFLスーパーボウルをはじめとした大規模スポーツイベントの際に各都市で制定された条例は、概ね競技場及び関連イベントの周辺における販売行為等の商業活動や広告活動を規制するものである。

▶(4)傾向についての分析

以上の分析を踏まえると、すべてのタイプの活動に対して一斉に規制されるようになったものではないことがわかる。

A及びBのタイプの活動への規制、すなわちイベント関連の標章すなわちイベントにおいて使用される標章を商業的に使用することへの規制は共通する。次に、イベントと関連があると合理的に想起させる表現を使用する行為の規制（Cのタイプの活動への規制）については、誤認するおそれがある表示を保護される標章として法に限定列挙するものから、条文上の規定は例示列挙して規制するようになってきていると理解することができる。さらには、そのイベントそのものが現実に顧客誘引力を発揮したひとつの結果であるイベント来場者に対する活動についても（Dのタイプの活動）、規制されるようになってきている。

この傾向は、アンブッシュ・マーケティング活動のあらたなタイプが考え出されてきていることに対応した規制強化と考えることができる。また、これからも新たな活動とともに、規制が考えられることになろう。

---

(注1) 英国 Department for culture, media and sport による2008年2月18日付け書簡 "your request of 20 January for the London 2012 Olympics Host City Contract accompanying technical manuals (ref. 86405)" より。

(注2) 『The Official Programe 2002 FIFA World Cup Korea/Japan 2002FIFAワールドカップ公式プログラム』（講談社・2002）126頁。また、2002年FIFAワールドカップオフィシャルサイトに掲出されたニュースレターにも同様の記述が存在した。

(注3) FIFAワールドカップ開催立候補国が提出しなければならない政府保証

## 2 各国で制定されている「アンブッシュ・マーケティング規制法」

Government Guarantee No.6　B General Measures and Protections (iv)

"to promote, or otherwise direct public attention to businesses, products or services in a manner that may induce third parties into erroneously believing that those products or services are approved, authorized or endorsed by FIFA, or are connected to the Events"

（注4）　政府保証 Government Guarantee No.6　B General Measures and Protections (v)

"to practice, organize, approve, or sponsor any promotional, advertising, or marketing activities through which one tragets the audience of the Events, including ticket holders, in order to gain exposure for its businesses, products or services without the authorization from FIFA"

（注5）　仁科貞文＝田中洋＝丸岡吉人著『広告心理』（電通・2007）271 頁。

（注6）　拙稿「アンブッシュ・マーケティングの法的問題」ビジネスロー・ジャーナル76 号（2014）76-78 頁。

（注7）　日本オリンピック委員会・長野オリンピック冬季競技大会組織委員会『アンブッシュ・マニュアル』（1995 年5 月）22・28 頁。

（注8）　拙稿・前掲（注6）76-78 頁。

（注9）　例えば、Phillip Johnson, AMBUSH MARKETING AND BRAND PROTECTION 2nd ed. (2011) p20, Andrew M. Louw, AMBUSH MARKETING AND THE MEGA-EVENT MONOPOLY (2012) pp169-171。

（注10）　拙稿「著名商標の保護について—アンブッシュマーケティング規制の検討を中心に—」日本大学知財ジャーナル6 号（2013）38-40 頁参照。なお、2002 年に米国ソルトレイクシティで冬季オリンピックが開催されているが、米国では Ted Stevens Olympic and Amateur Sports Act（1978 年（1998 年に一部改正））が制定されているが、その点も含め後述する。

（注11）　拙稿・前掲（注10）40-41 頁参照。2002 年に日本とともに開催国であった韓国では、自国内で著名であることが不正競争防止法の適用要件であったため、自国内ではまだ著名ではなかった FIFA ワールドカップの標章を不正競争防止法にて保護するための特別法を制定した。また、2006 年開催国のドイツでは、不正競争防止法の一般条項が存在する。

(注12) THE NAIROBI TREATY ON THE PROTECTION OF THE OLYMPIC SYMBOL (1981)。WIPOホームページ：http://www.wipo.int（2014年7月26日確認）。日本語訳（オリンピック・シンボルの保護に関するナイロビ条約）は、特許庁ウェブサイト：http://www.jpo.go.jp（2014年7月26日確認）。

(注13) Summaries of Conventions, Treaties and Agreements Administered by WIPO (2013)p30。WIPOホームページ：http://www.wipo.int（2014年7月26日確認）。

(注14) Gillie Abbotts, London 2012-Advertising Buyers Beware, [2011] 22 Ent.L.R. issue 5 p147。

(注15) カラペト・ホベルト「ブラジルにおける知的財産保護とサッカーW杯・リオデジャネイロオリンピックに向けた模倣品対策」IPマネジメントレビュー11号（2013）32頁も、2009年制定オリンピック法について言及している。

(注16) Official Report of the XXVIII Olympiad P137：http://library.la84.org/6oic/OfficialReports/2004/or2004a.pdf（2014年7月25日確認）。

(注17) Law on Measures for the protection of the Olympic Symbol in relation to the forthcoming Winter Olympic (167/2005)。

(注18) AIPPI Italy Report Q210 "The Protection of Major Sports through Trademarks and other IPR (March 2, 2009)"：https://www.aippi.org/（2014年7月25日最終確認）。

(注19) 前掲（注18）

(注20) Republic of South Africa Government Gazette No. 21156（10 May, 2000）に、法改正の目的として「『アンブッシュ・マーケティング』として知られる活動を禁止するために」と明記されている。

(注21) Republic of South Africa Government Gazette No. 21156(10 May, 2000)。

(注22) Republic of South Africa Government Gazette No.29199 (7 September, 2006)。

(注23) Republic of South Africa General Notice 683 of 2006 under Government Gazette No. 28877 (25 May, 2006)。

(注24) Dannemann Siemsen Advogados, Comparative advertising and ambush marketing on the rise in Brazil, World Trademark Review

## 2 各国で制定されている「アンブッシュ・マーケティング規制法」

December/January 2010 によれば、2009 年 9 月 3 日に法案（Senate Bill 394）が提出されている。この法案は成立していない。

**(注 25)** 2011 年 11 月 8 日付けロイター配信記事 'Soccer-FIFA urges Brazil to pass World Cup legislation'。

**(注 26)** 16 条で禁止されている活動として、以下のとおり規定されている（英文訳文）。

I - marketing activities, including tasting offers of food or beverage, distribution of pamphlets or other promotional material or similar activities in the Official Venues of Competitions, on their main ways of access, in the areas mentioned by Article 11 or in places which are clearly visible from those;

II - ostensive marketing in automotive vehicles, parked on or moving around the Official Venues of Competitions, on their main ways of access, in the areas mentioned by Article 11 or in places which are clearly visible from those;

III - aerial or nautical marketing, including the use of balloons, aircrafts or watercrafts, in the Official Venues of Competitions, on their main ways of access, in the areas mentioned by Article 11 or in places which are clearly visible from those;

IV - public exhibition of Matches, by any means of communication, in public space or in private space with public access, associated to the commercial promotion of product, brand or service or in space where an admittance fee is charged;

V - to sell, to offer, to transport, to hide, to expose for sale, to negotiate, to deviate or to transfer tickets, invites or any other kind of authorization or credential to the Events in an onerous way, with the intention of obtaining advantage for oneself or another person; and

VI - to use tickets, invites or any other kind of authorization or credential to the Events for purposes of marketing, sales or promotion, or as prize or benefit of contests or promotions, or as part of travel or hospitality package, or to make tickets available for such purposes.

**(注 27)** 英文での表記で、Federal Law No.108-FZ, on preparatory measures and hosting in the Russian Federation World cup FIFA 2018, Confederation cup FIFA 2017 and amending separate legal acts of the Russian Federation。

(注28)　Alexander Lelyuhin, Afederal law oh hosting Confederation Cuo 2017 and World Cup 2018 in Russia. An overview, state commitments and specific provision, Int. Sports Law J (2014) 14 p79。

(注29)　前掲（注28）

(注30)　2013年に、Commonwealth Games Arrangements (Brand Protection) Amendment Act 2013 (Queensland)：http://www.legislation.qld.gov.au（2014年9月28日確認）により、表示関連の商業目的の利用について改正がされ、統合されている。

(注31)　Glasgow 2014組織委員会が発行した「Guidance on the Glasgow Commonwealth Games Act 2008 (Games Association Right) Order 2009 SI2009 No. 1969」と題されたレター。

(注32)　Amateur Sports Act of 1978を改正することについての上院報告書として、Report of the Committee on Commerce, Science, and Transportation on S. 2119, Olympic and Amateur Sports Act Amendment of 1998がある。

(注33)　San Francisco Arts & Athletics, Inc., et al v. United States Olympic Committee et al. 483 US 522 (1987)の判決にも引用されている。また、日本オリンピック委員会他「アンブッシュ・マニュアル」(1995) 4頁にも、同旨は紹介されている。

(注34)　AMATEUR SPORT ACT, HEARING BEFORE THE COMMITTEE ON COMMERCE,SCIENCE AND TRANSPORTATION,UNITED STATES SENATE, NINETY-FIFTH CONGRESS,FIRST SESSION ON S.2036, pp117-118。

(注35)　Schedule Part 3は、2012年6月7日に差し替えされた。2007年に制定された当初は、Turin 2006, Beijing 2008などの表記が、保護される標章として規定されていた。

(注36)　Owen J. Morgan, Ambush Marketing- New Zealand is in Search of Events to Host, [2008] E.I.P.R. issue 11 p461。

(注37)　Major Events Management (Rugby World Cup 2011) Order 2007(SR

2007/291)。

(注38) Major Events Management (World Rowing Championships 2010) Order 2009。

　他にも、同法に基づき、FIFA Under -17 Women's World Cup 2008, FIBA Under-19 Men's Basketball World Championships 2009, Under-19 Cricket World Cup 2010 が指定され、保護が与えられている。

(注39) Ordinance of City of New Orleans No. 29338, Dec. 6, 2012。

(注40) Ordinance of City of New Orleans No. 29338, Dec. 6, 2012 Section 1。

(注41) Ordinance of City of New Orleans No. 29338, Dec. 6, 2012 Sections 2-3。

(注42) Ordinance of City of New Orleans No. 29338, Dec. 6, 2012 Sections 4。

(注43) Tara Jill Ciccarone, at al v. The City of New Orleans, et al "ACLU Sues City of New Orleans Over Super Bowl 'Clean Zone' Ordinance"：http://www.aclu.org（2014年7月28日確認）。

(注44) ニューオーリンズ市の公式ホームページ：http://www.nola.gov にて確認。

"ACLU reaches agreement with city on Clean Zone law"：http://www.bestofneworleans.com（2014年7月28日確認）。

(注45) Ordinance of Jersey City, N.J. No.13120。

(注46) Super Bowl XLVI: Department of Code Enforcement Ibformation Packet：http://www.indy.gov（2014年7月28日確認）。

(注47) "City Decided Agreed-Upon Mile Radius Super Bowl 'Clean Zone' Is Not Big Enough; Ordinance Would Grant Licensing Administrator Ublimited Power to Create Clean Zone " July 1, 2011：http://www.ogdenonpolitics.com（2014年7月28日確認）。

(注48) "Arlington Passed an Ordinance to Promote a 'Festive Image' during the NCAA Final Four"：http://bolgs.dallasobserver.com（2014年7月28日確認）。

(注49) "ACLU Sues Minneapolis Over All-Star Game Ordinance"：http://minnesota.cbslocal.com（2014年7月28日確認）。

# 3

各国の
「アンブッシュ・マーケティング規制法」
制定の背景

# 3.1 「アンブッシュ・マーケティング規制法」制定の必要性

アンブッシュ・マーケティング規制法制定の背景としては、イベント開催のための条件、すなわち主催者からの要請に基づくものということを理解する必要がある。

以下、大規模スポーツイベントであるオリンピック、FIFAワールドカップ、コモンウェルスゲーム、NFLスーパーボウルの順に、「アンブッシュ・マーケティング規制法」制定の背景を確認する。

## 3.1.1 オリンピック

オリンピックに関する「アンブッシュ・マーケティング規制法」制定の背景としては、オリンピック開催のためのIOCからの要請が存在する(注1)。すなわち、オリンピックの開催地として立候補するにあたり、予め開催の条件として義務付けられる事項が存在する。

なお、まず開催都市として立候補し開催候補都市になるためには、IOCが定める各種条件に則った書類その他を提出しなければならない（ひとつの国から立候補したい都市が複数ある場合は、その国のオリンピック委員会にて一都市に集約することが必要になる）。その後、IOC評価委員会による提出書類の分析や開催予定地の視察等を経て、IOC総会にて開催都市が選定される。

以下、2020年オリンピック開催についてのIOCからの要請を中心に確認する。

2020年オリンピック開催候補都市になるための手続が記載された書類（2020 Candidature Procedure and Questionnaire）には、「開催候補都市は、"Undertaking"の条文に従うことが求められる」(注2)とされており、開催候補都市と開催国オリンピック委員会（National Olympic Committee、以下、「NOC」という）は、Undertakingに署名し提出しなければならない。

具体的には、オリンピック開催候補都市になるために、以下について誓約しなければならない。

## 3 各国の「アンブッシュ・マーケティング規制法」制定の背景

- 「現在有効なオリンピック憲章、とりわけオリンピック標章の使用に関する規則及び付属規則を遵守することを保証する。
  (The Parties undertake to abide by the Olympic Charter and, in particular, the Rules and by-laws regarding the use of the Olympic marks.)」(注3)

- 「オリンピック・シンボル及び『Olympic』『Olympiad』オリンピック・モットーが、IOC の名前にて保護されていること、また、政府または権限ある国の機関から、IOC が満足できるレベルでかつ IOC の名前にて十分で継続的な法的保護が現在得られておりこれからも得られることを、保証する。開催候補都市と NOC は、本条の定めを政府または権限ある国の機関に提示し、本条の内容について政府または権限ある国の機関が同意していることを認める。NOC は、オリンピック憲章に従い、該当する保護が NOC の名前にて NOC のために存在する場合は、IOC 常務理事会によって受領された指示に従い、NOC はその権利を行使することを確認する。
  (The Parties have ensured, or shall ensure, that the Olympic symbol and the terms "Olympic" and "Olympiad" and the Olympic motto are protected in the name of the IOC and/or have obtained, or shall obtain from their government and/or their competent national authorities, adequate and continuing legal protection to the satisfaction of the IOC and in the name of the IOC. The Parties have brought this provision to the attention of their government and their competent national authorities and confirm that their government and their competent national authorities have agreed with its contents. The NOC confirms that, in accordance with the Olympic Charter, should such protection exist in the name of or for the benefit of the NOC, the NOC shall exercise any such rights in accordance with the instructions received by the IOC Executive Board.)」(注4)

さらに、開催候補都市は、Undertaking にて IOC に誓約したことについて、政府保証を提出しなければならない(注5)。

また、開催都市決定後直ちに締結される開催都市契約（Host City Contract）にも(注6)、この義務は、以下のとおり明記されている。

> 例　2012年開催のロンドンオリンピックの開催都市契約41条 a)
> 41. a) The City, the NOC and/or the OCOG have ensured, or shall ensure, not later than 31st December 2005, that the Olympic Symbol, the terms "Olympic" and "Olympiad" and the Olympic motto are protected in the name of the IOC and/or that they have obtained, from the Government and/or the competent national authorities of the Host Country, adequate and continuing legal protection to the satisfaction of the IOC and in the name of the IOC. The NOC confirms that, in accordance with the Olympic Charter, should such domestic legal protection exist or be expressed in the name of or for the benefit of the NOC, the NOC shall only exercise such rights in accordance with the instructions received from the IOC. The City, the NOC and/or the OCOG shall ensure that the above-noted legal protection provides for a procedure which allows intellectual property disputes, concerning the above-noted properties, to be solved in a timely manner, in particular before and during the actual period of the Games.
> ※2012年ロンドンオリンピックに反対する団体のホームページ：http://www.gamesmonitor.org.uk/ から入手。

　加えて、オリンピックに関連する標章を使用しない場合についても、開催候補都市になるために、アンブッシュ・マーケティングを予防するための手段を講じることにつき、政府保証を提出しなければならない。具体的には、以下のとおりである。

- 「アンブッシュ・マーケティング（例えば、オリンピックスポンサーの競合会社が、不正な競争行為に関与すること）が起きないよう効果を有しかつ当該行為を処罰するために、並びにオリンピック競技大会の開会式の2週間前から閉会式までの期間、街頭での販売行為を撤廃し、許諾されていないチケットの販売行為を防止し、上空（上

3 各国の「アンブッシュ・マーケティング規制法」制定の背景

空で広告活動がされることがないよう確約する）だけでなく広告スペース（例えば、街頭広告、公共交通機関における広告など）を管理するために、必要な法をできるだけ早く、遅くとも 2018 年 1 月 1 日までに成立させることを確認する政府機関による書面の保証を、提出しなければならない。
(Provide (a) written guarantee(s) from the relevant government authorities confirming that the legislation necessary to effectively reduce and sanction ambush marketing (e.g., preventing competitors of Olympic sponsors from engaging in unfair competition), and, during the period beginning two weeks before the Opening Ceremony to the Closing Ceremony of the Olympic Games eliminate street vending, prevent un-authorized ticket resale, control advertising space (e.g., billboards, advertising on public transport, etc.) as well as air space (to ensure no publicity is allowed in such airspace) will be passed as soon as possible but not later than 1 January 2018.)」(注7)

このことは、開催都市契約（Host City Contract）にも、以下のとおり記載がある。

例　2012 年開催のロンドンオリンピックの開催都市契約 48 条 c)
48. c) Avoiding Ambush Marketing: The City, the NOC and the OCOG acknowledge the importance of protecting the rights granted to Olympic sponsors and other commercial partners and, to this effect, they agree to take all necessary steps, at their cost (including developing and implementing a programme in relation to the prevention of ambush marketing activities and the taking of legal recourse, if appropriate), to prevent and/or terminate any ambush marketing or any unauthorized use of Olympic properties. The OCOG shall present the IOC with a detailed ambush prevention plan, in accordance with the terms of the Marketing Plan Agreement and the "Technical Manual on Brand Protection",

which forms an integral part of this Contract. Without restricting the generality of the foregoing, the City, the NOC and the OCOG shall ensure that there are no other marketing, advertising or promotional programmes in the Host Country, the activities of which will have any impact on the marketing programmes relating to the Games. For example, they shall ensure that no marketing, advertising or promotional programmes organized by one or more national federations, the National Paralympic Committee, sports organizations or any other public or private entity in the Host Country shall refer to the Games, any Olympic team or the year of the Games, or imply any connection with the Games, any Olympic team or the year of the Games. The City shall ensure that no sponsorship or marketing rights identified with the City, any of its agencies, agents or any body of which it may form part of or on which it is represented, the Games or the period in which the Games will be held, shall be granted without the prior written approval of the IOC.

※ 2012年ロンドンオリンピックに反対する団体のホームページ：http://www.gamesmonitor.org.uk/ から入手。

　なお、開催候補都市には開催都市契約の書式が予め提示されており(注8)、オリンピック開催都市に選定されたときには、開催都市契約を何の留保も修正もされることなく締結しなければならない(注9)。

## 3.1.2 FIFAワールドカップ

　オリンピック関係と同様に、FIFAワールドカップに関する法制定の経緯は、以下のとおりである(注10)。なお、FIFAワールドカップには、オリンピック・シンボルの保護を定めたナイロビ条約のような国際条約は存在しない。

　開催国になるためには、まず開催候補国の招致委員会が、FIFAとの間で招致契約（Bidding Agreement）を締結の上、政府保証を提出しなければな

らない(注11)。その政府保証には、入国ビザに関することなど大会開催の上で運営に関する各種事項に関するものがあり、そのうちの1つが、様々なアンブッシュ・マーケティング活動への法的規制が、一定の時期までになされることについての保証である（Government Guarantee No. 6 of Bidding Agreement）。これは、商標侵害といった場面よりも相当に広く保護を要求する内容である。

　FIFA やワールドカップを使用しなかった場合のアンブッシュ・マーケティングに注目すると、2018年・2022年 FIFA ワールドカップの開催を選定する主催する際の政府保証として、以下が要求されている(注12)。

- 「FIFA に対して、以下の手段及び保護が、法、州法、条例、その他の関連するレベルにおいて、必要であれば特別法を制定することにより、遅くとも2013年6月1日までに実効されることを保証する」その具体的な規制事項として、以下のとおり明確に要求されている(注13)。
- 「(iv)大会又は FIFA と関連させることによるアンブッシュ・マーケティング（ambush marketing by association）、すなわち、商品又はサービスが FIFA により承認、許諾、保証されている又は大会と関連があると第三者に誤認させる可能性のある方法で、その事業、商品又はサービスを広めようとすること又は公衆の注目を集めようとする行為が、法により禁止される」
- 「(v)大会又は FIFA と関して侵入することによるアンブッシュ・マーケティング（ambush marketing by intrusion）、すなわち、FIFA による許諾を得ることなく、チケット保有者も含め大会の観衆に向けて、事業、商品、サービスの露出を得るために、販売促進、広告又はマーケティング活動を実施、組織、承認、後援することを、法により禁止される。(iv)大会又は FIFA と関連した『不正競争』又は『パッシングオフ』のいかなる行為も、法により禁止する」

上記についてのオリジナルの英文全文は、以下のとおりである。

> (National Government) represents and guarantees to FIFA and ensures to FIFA that the following measures and protections will

be implemented and operative on the federal, state, municipal, local and other relevant levels by no later than 1 June 2013, if necessary by the issuance of special legislation:

(i) the establishment of special "protected" status for the Competitions and in particular for FIFA's intellectual property rights relating to the Events, such "protected" status to bestow upon the intellectual property rights to protected the equivalent rights as trademark registrations;

(ii) the unauthorised use, reproduction, imitation, counterfeiting, or modification of any official symbols of FIFA or the Events, or any other FIFA intellectual property in relation to the Events, as well as to import, export, sell, offer, expose for sale, or conceal official symbols or products resulting from unauthorized reproduction, counterfeiting, or modification of official symbols, will be prohibited by law;

(iii) the registration and use of domain names containing FIFA's trademarks will be prohibited by law;

(iv) ambush marketing by association in relation to the Events and/or FIFA, namely to promote, or otherwise direct public attention to businesses, products or services in a manner that may induce third parties into erroneously believing that those products or services are approved, authorised or endorsed by FIFA, or are connected to the Events, will be prohibited by law;

(v) ambush marketing by intrusion in relation to the Events and/or FIFA, namely to practice, organise, approve, or sponsor any promotional, advertising, or marketing activities through which one targets the audience of the Events, including ticket holders, in order to gain exposure for its businesses, products or services without authorization from FIFA, will be prohibited by law;

(vi) any and all acts of "unfair competition" or "passing off" in relation to the Events and/or FIFA, will be prohibited by law;

(vii) to hold, organise, approve or sponsor a commercial public viewing event related to the Events, unless expressly authorised in writing by FIFA, will be prohibited by law;
(viii) the resale or redistribution of match tickets or Event tickets, unless expressly authorised in writing by FIFA, will be prohibited by law;
(ix) the use of match tickets or Event tickets in advertising, sales, competitions, sweepstakes, give away, or other promotional activities, or as part of a hospitality or travel package, or the making available or advertising of match tickets or Event tickets for any such purposes, unless expressly authorised in writing by FIFA, will be prohibited by law; and
(x) the prohibitions listed above shall be sanctioned by a suitably severe penalty to deter any deliberate breach, subject to a written demand for penalty by FIFA."

　この招致契約（Bidding Agreement）に基づく政府保証も含めた様々な書類の審査も加味した上で、開催国が決定される。2018年開催国に決定したロシアに対するFIFAの評価レポートでは、「FIFAの要請する書式に完全に則った政府保証が提出されている。ロシア政府は、FIFAワールドカップの少なくとも5年前に、政府保証を完全に実行するために必要な法令を制定することを確約している」と評価している(注14)。
　こうしたFIFAによる審査の上で、開催契約（Hosting Agreement）を締結することとなり、既に提出している政府保証の実現が求められる。
　さらに、大会を運営する組織委員会の義務として、アンブッシュ・マーケティングについて、主催国内でのアンブッシュ・マーケティングを除去するすべての必要な手段を講じること、アンブッシュ・マーケティングが発生しないように最善の措置を採ることに加えて、FIFAと協力することなどの規定がされている(注15)。
　オリンピックの開催候補都市と場合と同様に、開催候補国において、FIFAワールドカップに関する標章を許諾なく使用することへの規制だけで

なく、FIFA ワールドカップへのアンブッシュ・マーケティング行為を規制することなどを確約させるものである。

なお、FIFA とは別団体であるが、FIFA に次ぐ規模のサッカーに関する団体であるヨーロッパサッカー連盟（Union of European Football Association、以下「UEFA」という）も、UEFA 加盟各国の代表チームによる UEFA ヨーロッパ選手権（EURO と呼称される）のために、開催地候補国に対して、同様の規制をすることを要求している。

具体的には、2020 年の UEFA ヨーロッパ選手権（EURO2020）の開催地に立候補する国に対して、次の5つの事項を規制すること、すなわち、① UEFA の許諾なしで、イベントに関連させること、② UEFA の許諾なく、競技場など公式会場の上空を含めた近隣（クリーンゾーン）で、商業、販促、マーケティング、頒布活動をすること（この行為には、商業広告、街頭販売、チラシ等の配布や製品配布行為及び政治的示威活動も含む）、③ UEFA の許諾なしに UEFA の知的財産を使用すること、④ UEFA2020 に関連した模倣品の製造、販売及び頒布行為、⑤無許諾のパブリックビューイング、を禁止するよう要請している(注16)。

## 3.1.3 コモンウェルスゲーム（Commonwealth Games）

コモンウェルスゲームにおいても、開催するために条件として義務付けられた事項が存在する。2018 年コモンウェルスゲームの開催都市に選ばれる手続に基づいて確認する。

英連邦の総合競技大会コモンウェルスゲームの主催者は、Commonwealth Games Federation（CGF）である。CGF のビジョンやミッションを定めた「Constitution」(注17)25 条 4 項には、知的財産に関する定めがされている。その知的財産のなかに「合理的な者が、コモンウェルスゲームと関係があると考えるもの、製品又は作品（any other materials, products or works that a reasonable person would assume are related to or connected with the Commonwealth Games）」が含まれると規定されている。そして、26 条には、コモンウェルスゲームに関する知的財産は、CGF の独占的な財産であり、

いかなる方法での使用等についてCGFが権利を有することを定めている。

その上で、2018年大会の開催候補都市となるための手続が記されたCGFの書類（Candidate City Manual 2018 Commonwealth Games (Revised May 2011)(注18)）に基づき、都市、国、当該国のコモンウェルスゲーム協会（CGA）が署名したUndertakingを提出しなければならない。

具体的には、以下について誓約しなければならない。

- 「都市、国及びCGA は、CGFのConstitution、規則及びコモンウェルスマークの使用に関するCGF常務理事会の指示に従う。
  (The city, country and the CGA undertakes to abide by CGF Constitution and Regulations and any direction of CGF Executive Board regarding the use of the Commonwealth marks.)」(注19)

- 「コモンウェルスゲームのシンボル、『Commonwealth Games』の言葉、及びCGF常務理事会により指定され、都市、国及びCGAに伝えられたコモンウェルスゲームの名称が、CGFの名前にて保護されていること、また、権限ある国の機関から、CGFが満足できるレベルでかつCGFの名前にて十分で継続的な法的保護が現在得られており、これからも得られることを、保証する。都市、国及びCGAは、本条の定めを権限ある国の機関に提示し、本条の内容について政府及び権限ある国の機関が同意していることを認める。CGAは、該当する保護がCGAの名前にてCGAのために存在する場合は、CGA常務理事会によって受領された指示に従い、CGAはその権利を行使することを確認する。

  (The city, country and the CGA have ensured, or shall ensure, that the Commonwealth Games symbol and the terms "Commonwealth Games" and other Commonwealth Games designations as determined by CGF and communicated to city, country and the CGA are protected in the name of the CGF and/or have obtained, or shall obtain from their competent national authorities, adequate and continuing legal protection to the satisfaction of the CGF and in the name of the CGF. The city, country and the CGA have brought this provision to the attention of their competent national authorities and confirm that their government and their competent national authorities have agreed with its contents. The CGA confirms that, in accordance with the Olympic Charter, should such protection exist in the name of or for the benefit of the CGA, the CGA shall exercise any such rights in accordance with the instructions received by the CGF Executive Board.)」(注20)

　さらに、コモンウェルスゲームのイメージを保護し、アンブッシュ・マーケティングを予防するために、条件を付すことなく政府保証を提出しなければならない(注21)。
　具体的には、政府保証の内容は、以下のとおりである。

- 「アンブッシュ・マーケティング（例えば、コモンウェルスゲームスポンサーの競合会社が、競技会場付近で不正な競争行為に関与すること）が起きないよう効果を有しかつ当該行為を処罰するために、並びにコモンウェルスゲーム大会の期間中（コモンウェルスゲーム前の２週間も含む）、街頭での販売行為を撤廃し、上空（上空で広告活動がされることがないよう確約する）及び空港だけでなく、広告スペース（例えば、街頭広告、公共交通機関における広告など）を管理するために、必要な法を遅くとも2014年6月30日までに成立させることを確認する政府機関による書面の保証を、提出しなければならない。
(Provide (a) written guarantee(s) from the relevant government authorities confirming that the legislation necessary to effectively reduce and sanction ambush marketing (e.g., preventing competitors of Commonwealth sponsors from engaging in unfair competition in the vicinity of Commonwealth sites), eliminate street vending, control advertising space (e.g., outdoor advertising space, advertising on public transport etc.) as well as air space (to ensure no publicity is allowed in such airspace) and airports, during the period of the Commonwealth Games (including two weeks before the Commonwealth Games), will be passed no later than 30, June

2014）」(注22)

　こうした提出書類を含めCGFにて審査された上で(注23)、理事会にて開催都市が選定される。開催都市が選定された後は、誓約した事項や政府保証事項の確実な実行が求められる。

## 3.1.4　NFLスーパーボウル

　次に、米国内でのイベント開催に関して、イベント主催者からアンブッシュ・マーケティング規制を開催都市に要請している例を紹介する。

　NFLスーパーボウルは、その年のNFL（National Football League）のチャンピオンチームが決まる一戦であるが、出場するチームの本拠地で開催されるわけではなく、概ね4年前に開催場所が決定される。これは、同じ米国の人気スポーツであるMLBワールドシリーズ（野球）、NBAファイナル（バスケットボール）、日本プロ野球の日本シリーズ等で、出場チームの本拠地で開催されるのとは対照的である。

　以下は、近年のNFLスーパーボウルの開催都市と対戦チームの一覧である。

| スーパーボウル | 開催年 | 開催都市 | 対戦チーム |
| --- | --- | --- | --- |
| 第41回 | 2007 | フロリダ州マイアミガーデン | インディアナポリス・コルツ VS シカゴ・ベアーズ |
| 第42回 | 2008 | アリゾナ州フェニックス | ニューヨーク・ジャイアンツ VS ニューイングランド・ペイトリオッツ |
| 第43回 | 2009 | フロリダ州タンパ | ピッツバーグ・スティーラーズ VS アリゾナ・カージナルス |
| 第44回 | 2010 | フロリダ州マイアミガーデン | ニューオーリンズ・セインツ VS インディアナポリス・コルツ |
| 第45回 | 2011 | テキサス州アーリントン | ピッツバーグ・スティーラーズ VS グリーンベイ・パッカーズ |
| 第46回 | 2012 | インディアナ州インディアナポリス | ニューヨーク・ジャイアンツ VS ニューイングランド・ペイトリオッツ |
| 第47回 | 2013 | ルイジアナ州ニューオーリンズ（2009年5月のオーナー会議で決定） | ボルチモア・レイブンズ VS サンフランシスコ・49ers |
| 第48回 | 2014 | ニュージャージー州イーストラザフォード（2010年5月のオーナー会議で決定） | シアトル・シーホークス VS デンバー・ブロンコス |

| | | | |
|---|---|---|---|
| 第49回 | 2015 | アリゾナ州グレンデール<br>(2011年10月の<br>オーナー会議で決定) | ニューイングランド・ペイトリオッツ VS<br>シアトル・シーホークス |
| 第50回 | 2016 | カリフォルニア州サンタクララ<br>(2013年5月の<br>オーナー会議で決定) | |
| 第51回 | 2017 | テキサス州ヒューストン<br>(2013年5月の<br>オーナー会議で決定) | |

2008年の第42回スーパーボウルの際には、スーパーボウルが開催される週に、開催都市で約50のイベントが開催され、90時間以上ESPNで全米放送され他にも海外及び地元で放送されたといった具合で、スーパーボウルイベントは1日限りのものではない(注24)。また、スーパーボウル開催は、1996年では3億580万ドル、2008年では5億100万ドルの経済効果をもたらしたが、2015年には6億ドル程度の経済効果が見込まれることから(注25)、スーパーボウルの開催したい都市は数多いことが考えられる。

そして、開催都市として立候補した都市に対して、NFLからは、他の様々な条件とともに以下の事項が要請されるのである。すなわち、NFLは、スーパーボウル Super Bowl 開催立候補都市に対して、「Super Bowl Bid Package」の一部として、スーパーボウル開催週の期間中に(注26)、以下のようなクリーンゾーン（Clean Zone）を設定する条例（Ordinance）制定を要請している(注27)。

具体的には、以下の内容を規定することを要請している。

- 「クリーンゾーン条例は、次の条項を含むものでなくてはならない。
    1. 臨時の構造物：臨時構造物（NFLによる書面による承認を得ていない臨時の小売店舗を含むが、それに限定されない）の禁止
    2. 臨時の販売許可：スーパーボウル開催週の期間中、クリーンゾーンにおいて臨時の販売は許可されない
    3. 臨時の広告物：スーパーボウル開催週の期間中、商業メッセージを伝える臨時の広告看板、広告幕掲出、ビデオスクリーン、電光掲示板、夜間投影の禁止
    4. 空気等をいれて膨らませたもの：空気等を入れて膨らませるもの

3　各国の「アンブッシュ・マーケティング規制法」制定の背景

を設置したり、展示したりすることを禁止
5. 建物の包装：(NFLにより承認されたイベント関係の広告を除き) 既存の建物を広告物で臨時に包装することを禁止
6. 防止資金：上記の禁止事項がされない場合、開催委員会（Host Committee）は、NFLがアンブッシュ・マーケティングを防止することに用いるために100万ドルの資金を提供しなければならない

(Clean zone ordinances must include the following provisions:
1. Temporary Structures – A prohibition against temporary structures, including but not limited to temporary retail locations not approved in writing by the NFL.
2. Temporary Sales Permits—No temporary sales permits may be granted within the Clean Zone during Super Bowl week
3. Temporary signage- A prohibition against temporary signage or banners, video screens, electronic message boards, or nighttime projections of commercial messages during Super Bowl week.
4. Inflatables- A prohibition against the installation or display of inflatables.
5. Building Wraps- A prohibition against existing buildings temporarily wrapped with advertising banners or signage (except for event-related signage approved by the NFL).
6. Preventive Fund- If such prohibitions cannot be obtained, the Host Committee must provide a fund of one million dollars ($1,000,000) for the NFL to use to prevent Ambush Marketing.」(注28)

　スーパーボウル開催都市において頻繁に起こり得ることへの対応策として、条例を制定することによって、原則としてNFLの許諾のない限り、スーパーボウル開催週の期間中、臨時に広告が掲出されることがないように、と企図したものである。

　NFLがスーパーボウル開催都市に対して広告の掲出に関して条例制定を求めているのは、効率性の観点（開催都市においてもっとも頻繁に起こり得

ることへの対応策)、及び実効性の観点(開催都市に対して、これらの内容について州法や連邦法を制定まで要求することは難しいと考えられる)によるものと思われる。

## 3.1.5　イベント主催者が「アンブッシュ・マーケティング規制法」を要請する背景

　次に、IOC や FIFA らのイベント主催者がアンブッシュ・マーケティング規制法の制定を求める背景は何なのか分析する。

　それは、イベントの主催者としてビジネスモデルを確立し維持していく上で、アンブッシュ・マーケティングを規制することが必須であることによる。

　オリンピックや FIFA ワールドカップといったイベントの大きな収入源は、大きくわけると4つある。すなわち、①イベントのチケット販売、② TV などの放映権料、③ライセンス商品の販売による収益、④スポンサー料である(下の引用図表参照)。

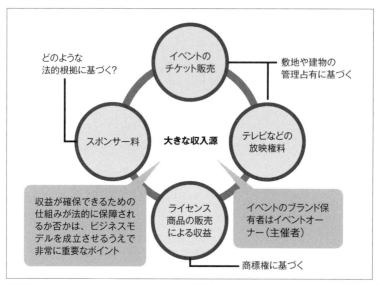

拙稿「アンブッシュ・マーケティングの法的問題」ビジネスロー・ジャーナル76号(2014) 79頁
※ 1998年長野オリンピックの際に、長野オリンピック組織委員会が配布したパンフレット、拙稿
　「著名商標の保護について―アンブッシュマーケティング規制の検討を中心に―」日本大学知財
　ジャーナル6号44-45頁もあわせて参照。

## 3　各国の「アンブッシュ・マーケティング規制法」制定の背景

　1つ目のイベントのチケット販売は、イベントを開催する敷地や建物の管理占有権に基づいて、入場チケットを販売すること及び入場にあたっての規制を定めることになる。このチケットの約款により、チケット保有者がイベント以外のための販促活動を禁止すること、競技場入場にあたり禁止される行為等を取り決め、その定めに反した場合は退場等の措置を採ることになる。例えば、2006年FIFAワールドカップでの「オランダ人はズボン脱げ　ビール宣伝で観戦拒否騒ぎ」と報道された事案(注29)（本稿14頁）でのFIFAの行為は、敷地及び建物の管理占有権に基づく規制によるものである。

　2つ目のTVなどの放映権料についても、放送用のカメラの設置や放送用ブースの設置も敷地や建物の管理占有権に基づくものである（なお、マラソンやトライアスロン、花火大会のような閉鎖空間ではない場所でのイベントについては、イベント主催者が管理占有権を有していない敷地や建物に、第三者がカメラや放送用ブースを設置して放送することを防止することは難しい）。放送事業者は、これらの放送用のカメラによる映像や放送用ブースを使用することによって、放送できるのである。放送事業者にカメラや放送用ブースの設置を許諾する場合に、契約により様々な禁止事項を定めることができる。また、イベント主催者が自ら映像を制作し著作権者になることもでき、各国放送事業者に提供する場合も、著作権法による保護に加えて、契約により禁止事項を定めることが可能となる。

　3つ目のライセンス商品の販売による収益は、原則的には各国において商標登録することにより、各国商標法に基づき独占権である商標権を取得することができる。また、ライセンス契約に基づき、製造・販売者に対して禁止行為などを定めることもできる。

　ここまでの3つについては、イベント主催者による敷地や建物の管理占有権又は商標権に基づいて、第三者がイベント主催者の収益を脅かす行為に対して、対抗措置が採れる。すなわち、アンブッシュ・マーケティング規制法はなくとも、イベント主催者は収益を確保することができる。

　最後のスポンサー料は、スポンサーに対してその商品・役務やそれらの広告物などにイベントの標章等の使用を許諾する見返りにスポンサー料を得るものである。イベント主催者がスポンサーと認めていない者が、イベントに関する標章を使用することやイベントのスポンサーであるかのように消費者

等に誤認させる表示を使用することを制限できない場合には、スポンサーに対しての交渉力が著しく低減してしまい、その結果主催者が望む金額のスポンサー料を得られなくなってしまうという大きな問題を招くことになる。さらにイベント開催期間は確定していることから、そういった表示行為の差止めに長期の時間を要するとしたら（例えば、イベントが終了してから長く時間が経ってから、やっと差止めが認められるとしたら）、イベント主催者にとっては何ら実効性がないことになる。これらの事情は、オリンピックやFIFAワールドカップという非常に規模の大きなイベントのビジネスモデルにとって、またイベント運営においても、大きな支障をきたすこととなる。

　オリンピックに関してアンブッシュ・マーケティング規制法を最初に成立させたオーストラリアでは、Sydney 2000 Games (Indicia and Images) Protection Act 1996制定に際して、上院の委員会によるレポート（Australian Parliament, Senate Legal and Constitutional References Committee, CASHING IN ON THE SYDNEY OLYMPICS: PROTECTING THE SYDNEY OLYMPIC GAMES FROM AMBUSH MARKETING (1995)）が、法制定の後ろ盾となった（Bills Digest 102 1996-1997 Sydney 2000 Games (Indicia and Images) Protection Amendment Bill 1996）。また、シドニーオリンピック終了後の2001年にOlympic Insignia Protection Act 1987を改正し、オリンピック関係標章の保護を強化する際にも、オーストラリアオリンピック委員会の収益を保護・拡大することが必要であるとの説明がなされ、この上院委員会レポートが根拠のひとつとされていることからも（Olympic Insignia Protection Amendment Bill 2001）、イベント主催者にとってのスポンサー料獲得の重要性及びアンブッシュ・マーケティング規制法の必要性は裏付けされていると考えられる。

　以上の事情から、IOCやFIFAらのイベント主催者は、アンブッシュ・マーケティング規制法の制定を、開催都市や開催国に要求することが必要となるのである(注30)。

## 3.2 「アンブッシュ・マーケティング規制法」制定の許容性

　アンブッシュ・マーケティングを規制する法が、Sui Generis Protection（特別な保護）と呼ばれることがあるが、イベント主催者から制定を要請されたなどの理由に基づきイベントを開催するにあたり必要であるからといった必要性（政策的な目的）だけで、オリンピックやFIFAワールドカップ等の個別の民間イベントのための法律を制定するのは、たとえそれが限時法であっても、かなり困難であると思われる。しかしながら、各国で制定されるにあたり、大きな議論になったという情報も寡聞にして聞かない。

　この点、個別の民間イベントのための法律を制定する上で、基礎となる法理あるいは法律があれば、いわば明確化するだけの立法化であるとして個別の民間イベントのための法律を制定することは可能であると考える。

　そこで、次に、各国のアンブッシュ・マーケティング規制法制定の背景、すなわち基礎となる法理又は法律について検証する。

### 3.2.1　競争法

#### 3.2.1.1　オーストラリア競争法

　まず、オリンピックに関して最初のアンブッシュ・マーケティング規制法を成立させたオーストラリアでは、Sydney 2000 Games (Indicia and Images) Protection Act 1996 を制定し、また Olympic Insignia Protection Act 1987 をさらに強化する際に、上記の上院委員会レポート（Australian Parliament, Senate Legal and Constitutional References Committee, CASHING IN ON THE SYDNEY OLYMPICS: PROTECTING THE SYDNEY OLYMPIC GAMES FROM AMBUSH MARKETING (1995)）が、オーストラリアオリンピック委員会の収益の保護・拡大を目的として、法制定の後ろ盾となった（Bills Digest 102 1996-1997 Sydney 2000 Games (Indicia and Images) Protection Amendment Bill 1996, Olympic Insignia Protection Amendment Bill 2001）。この上院委員会レポートは、国内事情

を意識した政策的な観点からの説明が主たるものである。

　他方で、Sydney 2000 Games (Indicia and Images) Protection Act 1996 制定時には、オーストラリア競争法である Trade Practices Act 1974 において競争法の一環として消費者保護として定めが存在していたが（Trade Practices Act 1974 は、2010 年に Competition and Consumer Act 2010 として改正されている）、裁判例を通じて不十分であることが判明したことも制定につながった(注31)。

　Trade Practices Act 1974 の該当条文は、以下のとおりである。
「第5章　消費者保護　第1節　不公正取引行為
第52条　（誤認を生じやすい又はぎまん的な行為）
⑴　会社は、取引又は商業において、誤認を生じやすい又はぎまん的若しくは誤認を生じさせ又はぎまん的となるおそれのある行為を行ってはならない。
⑵　本節の以下の条項は、第1項の一般性を暗に制限するものと解釈してはならない。
第53条　（虚偽表示）
会社は、取引又は商業において、商品若しくは役務の供給若しくはありうべき供給に関連して、又は商品若しくは役務の供給若しくは使用のあらゆる方法による促進に関連して、以下の行為をしてはならない。
(a) (b) 略
(c)　商品又は役務が、現実にそれらが有していない後援（sponsorship）、承認（approval）、性能、特性、付属品、使用目的又は効能を有していると表示すること
(d)　会社が、現実に有していない後援、承認又は関連を有していると表示すること
(e)　以下、略」
　（和訳は、公正取引委員会事務局官房渉外室『アジア・太平洋地域独占禁止政策東京会議　資料8　オーストラリア独占禁止法（仮訳）』(1979) を基礎に、筆者が追記した）

　すなわち、オーストラリア競争法は、誤認を生じやすい又はぎまん的若しくは誤認を生じさせ又はぎまん的となるおそれのある行為を禁止し、さらに

## 3 各国の「アンブッシュ・マーケティング規制法」制定の背景

商品、役務や会社が現実に有していない後援、承認又は関連を有していると表示することを禁止する旨を明文で定めている。そして、Trade Practices Act 1974 において、52条や53条違反行為に対しては、何人も差止請求をすることができ（80条）、上記規定違反行為により損害を受けた者は、損害賠償請求をすることができる（82条）。

なお、Trade Practices Act 1974 は、2010年に Competition and Consumer Act 2010 に改正され、52条及び53条(c)(d)はそれぞれ、Australian Consumer Law(Competition and Consumer Act 2010 の Schedule 2 の18条及び29条(g)(h)として規定されている(注32)。18条は非常に広範な規定であるため、違反に対する課徴金や刑事罰の規定はないが、差止請求及び損害賠償請求の対象行為である。29条違反については、刑事罰、課徴金、差止請求、損害賠償請求等の定めがある。

また、オーストラリア政府による評価レポート Australian Government, AMBUSH MARKETING LEGISLATION REVIEW (Oct. 2007)（以下、"AML Review"という）は、Olympic Insignia Protection Act 1987（本稿22-24頁参照）及び Melbourne 2006 Commonwealth Games (indicia and images) Protection Act 2005（本稿38-39頁参照）を対象として、以下のとおり分析している。なお、この AML Review は、Ambush Marketing Legislation（アンブッシュ・マーケティング規制法）が必要であるのかどうかの分析ではない。アンブッシュ・マーケティング規制法は、アンブッシュ・マーケティングより引き起こされた「市場の失敗」に対処するためのものと考えられている(注33)。

アンブッシュ・マーケティング規制法の効果として、イベント運営者にライセンス事業からの収益拡大をもたらし、イベント運営者に対してメリットをもたらしていることに加えて、オーストラリアの競争法である Trade Practices Act 1974 と比較して、イベント運営者の権利行使の存在及び権利行使可能な範囲に明確性をもたらしたと、AML Review は分析している(注34)。

さらに、AML Review は、アンブッシュ・マーケティング規制法のインパクトとして、アンブッシュ・マーケティング規制法及びに関連知的財産に関する整然としたマーケティング活動に対して、高いレベルでの支持がある

こと、アンブッシュ・マーケティング規制法は競争法上の影響はあまりない旨、述べている(注35)。さらに、表現の自由との関連について、アンブッシュ・マーケティング規制法を他のイベント運営組織へ拡大する際、又はイベント運営者への保護へさらにバランスを移動させる場合には、政府はこの点について検討すべき重要な事項である旨、指摘している(注36)。

### 3.2.1.2 ロシア競争法

次に、ロシアの競争法について確認する。

2007年に制定されたソチオリンピックに関する法（本稿29、30頁）において、第三者が禁止される行為を行った場合、競争法に基づいた処分等がされる。ロシア競争法は、2006年に制定された（"On the protection of Competition" 2006年10月26日施行）（1991年制定の旧法を全面改正したもの。ロシアは、OECD法制度改革プログラムに参加し、2004年にOECDより競争法に関しての報告書を受領している）ものであり、そこには、以下のとおりの定めがされている。

ロシア競争法4条9）に、定義として「不正競争とは、利益を得ようとする経済主体（人の集合）の活動で、ロシア連邦の法令、事業慣行、しきたり、合理及び衡平の要請に反する事業活動を行うもので、他の事業主体、競合者に損失をもたらし若しくはもたらすおそれのある、又はそれらの事業上の使用を毀損し若しくは毀損するおそれのあるものをいう」(注37)と定められている。

さらに、14条に不正競争の禁止として、以下の定めがされている。

「1．不正競争は許されない。不正競争には以下のものを含む

1）誤った、不正確な又は歪んだ情報を広めること。その情報は、経済主体に損失をもたらす又はその事業上の信用を傷つけるおそれのあるものとする

2）製造に関する状態、方法若しくはその場所、消費者の特性、商品の質若しくは量に関する又は製造者に関する誤った表示

3）以下、省略」(注38)

なお、不正競争は、「14条には、非競争的行為が列挙されているが、その列挙は包括的なものではない。その不正競争行為には競合会社や製品につい

て誤った、不正確又は誤認を招く情報の拡散、知的財産及び類似の権利の侵害又は誤用、秘密又は資産性のある情報の不法な収集、使用及び開示を含む」(注39)と理解されている。

なお、行政的な手続が主たるものとなるが、規制当局の判断とは無関係に、私人による損害賠償請求権もある（37条3項）。

ソチオリンピックのためのアンブッシュ・マーケティング規制法は、このロシア競争法の定める「誤った、不正確又は歪んだ情報を広めること」などの不正競争が基礎となっていると考えられる。

## 3.2.2　パッシングオフ(Passing Off)の法理

次に、アンブッシュ・マーケティング規制法制定の背景として、コモンロー上のパッシングオフの法理及びパッシングオフの法理を取り込んだ法を確認する。

### 3.2.2.1　コモンロー上のパッシングオフ

コモンロー上のパッシングオフの要件として、一般に次の3要件、すなわち① Goodwill：パッシングオフがあると主張する請求主体が、グッドウィルを有していること、② Misrepresentation：行為者による誤認表示が存在すること、③ Likelihood of Damage：請求主体に損害又は損害のおそれがあること、とされている。

このうち、2つ目の要件である Misrepresentation は、様々な要素が含まれた概念である（自然人や架空の人物による承認、支援の場合もあるが、本稿では対象としない）。そのなかには、Goodwill を持つ者と関連があるかのような表示も該当すること、例えば、営業について許諾された販売者であること（Authorized dealership）、団体の構成員であること（member of association）との表示も含まれる(注40)。承認（Approve）、許諾（Authorize）、支援（Endorse）したかどうかについて争われたカナダの事案として、Visa International Service Association v. Visa Motel Co (40 CPR (2d) 245 (British Columbia Supreme Court 1978)) がある。

カナダにて、コモンローに基づき、アンブッシュ・マーケティングについ

て争われた National Hockey League v. Pepsi-Cola Canada Ltd.(92 DLR (4th) 349; 42 CPR(3d) 390 (British Colombia Supreme Court 1992)) では、National Hockey League（NHL）とのスポンサーシップ関係にはないが、プロホッケーの試合のテレビ放映権を有している者からライセンスを受けていた Pepsi Canada が、「Diet Pepsi's $4,000,000 Dollars Pro-Hockey Play-off Pool」とのキャンペーンを実施していたことに対して、NHL が提訴し、NHL とその構成チームが当該キャンペーンを承認、許諾もしくは支援している又は何らかの関連があると、公衆に誤った印象を与えるものであると主張したものである。被告のキャンペーンは、NHL のその年のチャンピオンを決める Stanley Cup プレイオフが行われている時期に実施されたものであった。裁判所は、キャンペーン広告が正当な範囲を超えて、原告が主張するような誤った印象を公衆に与えるものであるのかどうかが焦点であると説示した。そして、被告が、「NHL」、「Stanley Cup」との名称を使用することなく、ホッケーチームの名称の代わりにチームが本拠を置く都市名を使用するなどから、NHL はその立証を十分に行えなかった(注41)。すなわち、何らかの承認（Approve）、許諾（Authorize）、支援（Endorse）があるとの想像がされるだけでは、パッシングオフの責任を負うに十分ではないとしたのである(注42)。

　英国でコモンローに基づいて争われた事件として、競技場の外で、原告の許諾なく「Arsenal」「The Gunners」との表記を付した商品を、原告のグッズ販売プログラムが始まる前から30年以上継続的に、被告が販売していた事案 Arsenal v. Reed ([2001]ETMR 77; [2001] RPC 46) では、原告により支援されている又はライセンスされていた公式商品であるとは理解されてないと判示された(注43)。また、同じく英国でコモンローに基づいて争われた事件として、白地に赤い薔薇を左胸に付したラグビージャージを被告が販売することは、長期間イングランドラグビー代表チームが着用していた白地に左胸に赤い薔薇を付したクラシックジャージに付着した原告の Goodwill を侵害するとして争われた Rugby Football Union v. Cotton Trader ([2002] EWHC 467: [2002] ETMR 76) では、原告に正式にライセンスされたものと誤認して購入されたとの証拠がないことも理由のひとつとして、いずれもパッシングオフはないとした(注44)。

パッシングオフが存在したと主張する者が、支援や後援をすることに事業として携わっているものであれば、承認（Approve）、許諾（Authorize）、支援（Endorse）についての誤認表示の要件は認められやすい。それは、パッシングオフの一つ目の要件であるGoodwillが、商取引のなかでどのように形成されたのかとの関係がある(注45)。また、支援（Endorse）については、市場の少なくない人々により、当該商品がその者に支援されているものと理解されるかどうかがポイントとなると説明されている(注46)。

また、コモンロー上のパッシングオフの救済として、差止め、損害賠償及びパッシングオフによって得た利益の支払い、及び侵害品の引渡し又は廃棄が認められている(注47)。

### 3.2.2.2 アメリカ商標法（ランハム法）

アメリカ合衆国におけるパッシングオフの事案において、請求主体の有する特定の標章と同一・類似の表示を使用することが必ず必要なわけではない旨判示した裁判例として、Popeil Brothers Inc v. Morris, doing business as N.K.Morris Manufacturing Co., et al (176 USPQ353(1972))がある。この事案では、電気ひげそりの形に似た形状で"Trimcomb"と称する整髪器具を販売し、2.99ドルで購入できる旨の告知も含めたTVCFで大々的に広告していた原告（Popeil）が、同じく電気ひげそりに似た形状の整髪器具についてTVでコマーシャルを放映することはないが、売り場において「TVでは2.99ドルと広告されている（As advertised on TV at $2.99）」との表示を用いつつ、1.49ドルで販売していた被告（Morris）に対して、不正競争であるとして提訴した事案で、販売されている被告製品がTVで広告されている原告製品である旨の告知であると認め、アメリカ商標法43条(a)侵害として販促物の使用を禁止した。

アメリカ商標法43条(a)によりこのような解決が図られる根拠は、アメリカ商標法がコモンローにも根源があることによる。その関係を説示した裁判例も存在する。「アメリカ商標法は、1946年制定以降何度かの改正を通じて、不正競争に関するコモンロー及び商標保護を法典化し一体化したものである（"The Lanham Act codified and unified the common law on unfair competition and trademark protection, and through several amendments since its adoption in 1946, remains the principal statutory protection of trademarks")」と、最高裁判決（Inwood Laboratories. Inc. et al v. Ives Laboratories (456 US 844 (1982))）を引用し説明している（Schlotzaky's Ltd. v. Sterling Purchasing and National Distribution Inc. 520 F.3d 393 (5th Cir. 2008)）。さらに、同じ判決のなかで、別の最高裁判決（Dastar Corp v. Twentieth Century Fox Film Corp. et al (539 US 23 (2003))）を引用した上で、「（アメリカ商標法）43条(a)は、商標保護を超えた条項のひとつである（"Although the specific language of Section 43 (a) at issue in Dastar was 'origin of goods', the Court explained that Section 43 (a) is 'one of the few provisions that goes beyond trademark protection.'"）」と説示している。

また、1989年の最高裁判決 Bonito Boats, Inc v. Thunder Craft Boats Inc., 489 U.S.141 (1989) では、「ランハム法43条(a)は、出所についての虚偽表示、又は、記述又は表示している単語やその他のシンボルを含む、いかなる虚偽の記述や表示に対する連邦法上の救済をするものである。議会は、不正競争という州法の不法行為に横たわる懸念の多くに、連邦法上の認識をしてきたものである（"Section 43 (a) of the Lanham Act, 60 Stat. 441, 15 U.S.C. 1125 (a), creates a federal remedy for making 'a false designation of origin, or any false description or representation, including words or other symbols tending falsely to describe or represent the same…' Congress has thus given federal recognition to many of the concerns that underlie the state tort of unfair competition"）」と、説示している。

また、1988年改正前のアメリカ商標法43条(a)に定める「Origin」は、「実際の製造者だけでなく、物理的な商品の製造に責任を有する商標保有者も含む（"to include not only the actual producer, but also the trademark owner who commissioned or assumed responsibility for ('stood behind') production of the physical product"）」と解釈されていたが、1988年改正で、出所（Origin）についてだけでなく、後援（Sponsorship）や承認（Approval）について混同のおそれがあれば差止請求等の対象となったが（"is likely to cause confusion, or to cause mistake, or to deceive as to affiliation, connection, or association of such person with another person, as to the origin, sponsorship, or approval of his or her goods, services, or commercial activities by another person")、「この改正により、出所（Origin）について拡張した解釈をしなければならなかったものが、その必要性がなくなった（"This stretching of the concept 'origin of goods' is seemingly no longer needed"）」（Daster Corp. v. Twentieth Century Fox Film Corp. et al (539 US 23(2003))。この改正は、「裁判所にて、不正競争法として広く解釈されていた」(注48)事項を、条文にしたものであると説明されている(注49)。

スポーツイベントに関するアンブッシュ・マーケティングの事件として、「Boston Marathon」との登録商標を有する原告が、「Boston」と「19XX」の単語の間にランナーの写真を表示するデザインを付した衣料品を製造、販売した被告に対して販売差止め等を求めた事案で、被告の使用したデザインはイベントを示唆するもので、アメリカ商標法43条(a)に違反すると判示した Boston Athletic Association, et al v. Sullivan, etc., et al 867 F.2d 22 (1st Cir. 1989) がある。

また、イベントに関する事例ではないが、他者の有するマスコット等が有する顧客誘引力を利用した事案をいくつか紹介する。アメリカンフットボールチームのダラスカウボーイズのチアリーダーが着用しているユニフォームと酷似したユニフォームを成人映画における12分間及び当該映画の広告に使用した事案（Dallas Cowboys Cheerleaders Inc. v. Pussycat Cinema, Ltd and Michael Zaffarona (604 F.2d 200 (2d Cir. 1979))）では、「商標保有者が後援（sponsor）している又は商標の使用を承認（approve）していると公衆が信じる場合、混同の要件を満たす」と説示した上で、侵害とした。ジョージア大学のマスコットであるイングリッシュブルドックを描き、赤と黒の缶に「Battlin' Bulldog」と表示したビールを販売していた事案（University of Georgia Athletic Association, etc. v. Bill Laite (756 F.2d 1535 (11th 1985))）では、製品上にジョージア大学とは無関係であると表示はしていたが、ジョージア大学の公式カラーである赤と黒及びマスコットを使用することは、ジョージア大学から許諾、承認又は後援されていることを示唆するものであると判示している

他にも、1994FIFAワールドカップの公式スポンサーである原告（Mastercard International Inc.）が、1994FIFAワールドカップ組織委員会と契約したSprint Communication 及び組織委員会らにより、契約に基づき原告に与え

られた権利が侵害されているとして、契約及びアメリカ商標法 43 条(a)に基づき提訴した事案も存在する（Mastercard International Inc. v. Sprint Communication Co. 1994 WL 97097(S.D.N.Y)）。この事案では、原告がスポンサーシップ契約に基づき正当な権利を有しており、アメリカ商標法 43 条(a)に基づき、被告による 1994FIFA ワールドカップの標章の使用の差止めを求める権利を有することを認めた。この事案は、アメリカ商標法 43 条(a)の要件に該当すれば、商標保有者ではない者でも差止請求や損害賠償請求ができることを示している。

### 3.2.2.3　アメリカ統一欺瞞的取引慣行法（Uniform Deceptive Trade Practice Act)

　米国では、連邦法である商標法（ランハム法）の他に、州法にて欺瞞的な取引行為を防止し、救済が得られる方法として、統一欺瞞的取引慣行法（Uniform Deceptive Trade Practice Act。以下、「UDTRA」という）が存在する。統一欺瞞的取引慣行法とは、National Conference of Commissioners on Uniform State Laws（NCCUSL）にて 1964 年に最初に提言され、その後 1966 年に修正提言されたものである。

　UDTRA は、欺瞞的な取引行為について規制する上で、コモンロー上の救済が得られるための要件を排除して、州法を整備することを目的としたものであり(注50)、州法として制定しているのは多くはないといわれている(注51)。

　具体的に UDTPA の内容を確認する。UDTPA2 条(a)で、欺瞞的取引態様として、事業上での行為を個別に列記している。代表的なものとして、「商品又はサービスを他人のものとして販売提供すること（"Passes off goods or services as those of another"）」、「商品又はサービスの製造・販売元、後援、承認又は証明について、混同又は誤解のおそれをまねくこと（"Causes likelihood of confusion or of misunderstanding as to the source, sponsorship, approval or certificate of goods or services"）」、「他人との関連、結合、連合又は他人による証明について、混同又は誤解のおそれをまねくこと（"Causes likelihood of confusion or of misunderstanding as to affiliation, connection, or association with, or certification by, another"）」、「実際には有していないにも拘わらず、商品又はサービスがあたかも後援や承認等を

有しているかのように表示したり、自らがあたかも後援や承認等を有しているかのように表示したりすること（"Represents the goods or services have sponsorship, approval, characteristics, ingredients, uses, benefits, or quantities that they do not have or that a person has a sponsorship, approval, status, affiliation, or connection that he does not have"）」らが定められている。他にも、商品やサービスの原産地に関する虚偽の表示をすること、実際と異なるにもかかわらず独自品又は新品と表示すること、虚偽又は誤認表示により他人の商品、サービス又は事業を誹謗すること、事実と異なる表示をすること、広告したとおりに販売するつもりがない商品やサービスを広告することなど、ごく当然と思われる欺瞞的取引態様も列記されている。

UDTPA2条(b)では、救済を求める者は、その行為者と競争関係にある必要はなく、また現実に混同や誤解が生じていることを証明する必要はないとしている。さらに、同3条では、救済手段として、差止請求を規定している。なお、UDTPAは欺瞞的な取引行為について規制することを目的としていることからか、UDPTA上では損害賠償請求の規定はない。

### 3.2.2.4 カナダ商標法

カナダ商標法7条には、以下の定めが存在する。

「第7条 禁止事項

何人も、次の行為を一切してはならないものとする。

(a)競業者の業務、商品又はサービスの信用を毀損する虞のある、虚偽の又は誤認させる陳述をすること

(b)自己の商品、サービス又は業務に公衆の注意を喚起する行為を開始する時に、カナダにおいてその者の商品、サービス又は業務と他人の商品、サービス又は業務との間に混同を生じさせるか又は生じさせる虞がある方法で、その注意を喚起すること

(c)注文又は請求されたものとして又はこれに代えて、他の商品又はサービスを詐称通用すること

(d)商品又はサービスに関する次の事項について、重要な点において虚偽であり、かつ、公衆を誤認させる虞のある何らかの表示を商品又はサービスに

付随させて使用すること
  (i)特性、品質、数量又は構成
  (ii)原産地、又は
  (iii)製造、生産又は提供の形態
又は
(e)カナダでの誠実な工業的又は商業的慣習に反して、何らか他の行為を行い又は何らか他の業務慣行を採用すること」
（訳文は特許庁ウェブサイト：http://www.jpo.go.jp より）

カナダ商標法7条の英文は以下のとおり。

Section 7

No person shall
  (a) make a false or misleading statement tending to discredit the business, wares or services of a competitor;
  (b) direct public attention to his wares, services or business in such a way as to cause or be likely to cause confusion in Canada, at the time he commenced so to direct attention to them, between his wares, services or business and the wares, services or business of another;
  (c) pass off other wares or services as and for those ordered or requested
  (d) make use, in association with wares or services, of any description that is false in a material respect and likely to mislead the public as to
    (i) the character, quality, quantity or composition
    (ii) the geographical origin, or
    (iii) the mode of the manufacture, production or performance of the wares or services;
  (e) do any other act or adopt any other business practice contrary to honest industrial or commercial usage in Canada

日本の商標法と比較すると、これらの条文は商標法の定めとしてはやや趣

が異なるとの印象をおぼえるが、まさにそのとおりで、カナダ商標法7条(b)号について「コモンロー上のパッシングオフを本質的に法典化し、民事法上の根拠としたもの」(注52)（MacDonald et al v Vapor Canada Ltd [1977]2 SCR 134）（Kirkbi AG v Ritvik Holding Inc.(2005 SCC 65 [2005]3 SCR 302)と、カナダ最高裁は説示している。

さらに、別の判例では、「第7条(b)号は、コモンロー上のPassing Offを法制化したものである。コモンロー上のPassing Offとは、自らの商品やサービスを他人のものである、または他人から後援（sponsorship）を受けている若しくは他人と関連がある（association）との誤認表示により構成される。それは、誤認表示により『便乗する』ものである（"Paragraph 7(b) is a statutory statement of the common law action of passing off, which consisted of a misrepresentation to the effect that one's goods or services are someone else's, or sponsored by or associated with that other person. It is effectively a 'piggybacking' by misrepresentation"）」(Asbjom Horgard A/S v Gibbs/Nortac Industries ltd. [1987]3 FC 544 (FCA)と説示もされている。

### 3.2.2.5 小括

コモンロー上のパッシングオフとして、Goodwillを持つ者と関連があるかのような表示、あるいはGoodwillを有する者から承認、許諾、支援等を受けているかのように表示されていることについて、パッシングオフであると請求し救済を得ることは可能であったが、条文化して、より明確に欺瞞的な表示行為等を排除しようとしてきたという事実が存在していると考える。

コモンローの国々においては、コモンローのパッシングオフ、又はパッシングオフの法理を取り込んだ成文法が存在することで、個別の民間イベントの場合におけるアンブッシュ・マーケティング規制法は、いわば当該イベントについてより明確にするだけのものであると理解することができ、制定にもそれほどの困難がなかったと推測できる。

### 3.2.3 不正な商業行為に対する規制

次に、競争法やパッシングオフの法理以外で、アンブッシュ・マーケティング規制法の基礎と思われる法令を確認する。

#### 3.2.3.1 不正商業行為に関する欧州指令

ヨーロッパでは、2005年に不正商業行為に関する欧州指令（Unfair Commercial Practice Directive 2005/29/EC（11May, 2005））が発効している。この欧州指令は、誤認広告に関する1984年指令（84/450/EEC）及び関連する指令（97/7/EC（遠隔地における契約における消費者保護に関する指令）、98/27/EC（消費者利益保護のための差止めに関する指令）及び2002/65/EC（消費者ファイナンスサービスの遠隔マーケティングに関する指令）を改正するものである(注53)。この2005年指令は、消費者の保護を直接の目的とする者であるが、間接的に正当に事業を行っている者も保護するものである(注54)。

この2005年指令では、5条1項で、不正な商業行為は禁止である旨定め、同条4項で、6条以下に規定する誤認を招くもの等も不正なものであると規定している。

そして、6条にどういった行為が誤認を招くものであるかを規定し、その1項柱書には「虚偽の情報を含み真実でないものである場合、又は、たとえ以下の要素の一つ又は複数に関して情報が事実上正しいものであったとしても、説明全体を含めていかなる方法であれ、平均的な消費者を惑わす若しくは惑わしそうなものである場合、そして、そのいずれの場合でも、その商業行為がなければ行わなかったであろう取引を、消費者に行わせるか行わせようとするとき、その商業行為は誤認を招くものとみなされる。」と定めている。

"Article 6 Misleading actions

1. A commercial practice shall be regarded as misleading if it contains false information and is therefore untruthful or in any way, including overall presentation, deceives or is likely to deceive the average consumer, even if the information is factually correct,in relation to one or more of the following elements, and in either case causes or is likely to cause him a

transactional decision that he would not have taken otherwise:"

　そのひとつの要素として6条1項(f)は、「(f)取引者又はその代理人の状態、属性及び権利、例えば、その身元や資産、資格、地位、承認、関連又は関係、産業上、商業上若しくは知的財産上の権利の保有、又は賞や栄誉」と規定し、承認、関連又は関係（approval, affiliation or connection）も誤認を招くもの、すなわち不正な商業行為の要素として明記している。

　"(f) the nature, attributes and rights of the trader or his agent, such as his identity and assets, his qualifications, status, approval, affiliation or connection and ownership of industrial, commercial or intellectual property rights or his awards and distinctions;"

　1984年指令（84/450/EEC）の3条(c)には、2005年指令6条1項(f)に相当する規定がされていたが、そこには「広告主の状態、属性及び権利、例えば、その身元や資産、資格、産業上、商業上若しくは知的財産上の権利の保有、又は賞や栄誉」と規定されており、承認、関連又は関係（approval、affiliation or connection）についての文言はなかった。

　"(c) the nature, attributes and rights of the advertiser, such as his identity and assets, his qualifications" ownership of industrial, commercial or intellectual property rights or his awards and distinctions;

　ただし、1984年指令3条柱書には、広告のすべての点について考慮して、その広告が誤認を招くものであるかどうかを判断する旨規定されており、特に考慮する事項として3条各号が存在していた。よって、3条の各号に規定された事項は例示であり、承認、関連又は関係（approval、affiliation or connection）が対象外であったとは言えないであろう。

　1984年指令及び2005年指令のいずれも、消費者の保護の観点から誤認を招く行為、不正商業行為を禁止するものであり、2005年指令には承認、関連又は関係（approval、affiliation or connection）も明文として規定されたと理解することができる。

### 3.2.3.2　フランス不正競争法

　フランスの民法典 1382 条及び 1383 条は、不正競争法として機能している(注55)。これらに基づく判例法理のなかで、「『善意及び誠実に導かれた商人の慣行(Usage)』に反する手段を用いることは、営業の自由に含まれない」(パリ控訴院 1852 年 12 月 29 日判決)、「不正競争は、『営業上の誠実』に反する競争手段による不正行為として認識されるようになった」と解説されている(注56)。

　「19 世紀以来形成されてきた伝統的な不正競争概念は、行為者と被害者との競争関係の存在を前提とするものであった。……投資の成果物である経済的価値を無断で利用する行為は、それが競争者間で行われると否とを問わず規制すべきである、という認識が形成されてきた」(注57)とされ、この「寄生行為理論」の例として、「地方の既製服メーカーがパリの高級服ブランドの名称を自己の広告に無断で引用する行為も、顧客誘引力の冒用にあたるとして制裁されている。この事例では、後援関係の偽装によるブランドの名声（prestige）の侵害が認められた（Bordeau, 13 oct, 1964, D. 1965, 607, n.J.Ghestin)」(注58)と紹介されている。

　不法行為法である 1382 条及び 1383 条が、競争者間の不正競争に適用されてきていたのが、必ずしも競争者間への適用にとどまらないものとなり、さらに「不正競争の理論が、民事責任の領域をこえて、市場の真の規制として現われてきている」(注59)と評価されるに到っている。

　1382 条又は 1383 条による不正競争の訴えに対して、損害賠償、差止め、消費者に対して注意を呼びかけるよう広告させることなどが救済手段としてある(注60)。

### 3.2.3.3　ドイツ不正競争防止法

　他人の成果、信用、広告に対する寄生行為などは、冒用行為について、ドイツ法で一般条項の解釈によって不正競争とされている(注61)。

　1909 年 6 月 7 日制定の不正競争防止法 1 条は「業務上の取引において競争の目的をもって善良の風俗に反する行為をなす者に対しては、差止及び損害賠償を請求することができる」(注62)と定めており、判例においても

「自己の成果の良さや値打ちを宣伝するかわりに、他者の商品または成果の評判や名声を、自己の経済的利益の目的を追求するために助力として不正利用することは、成果競争の要請に反している（BGHZ 86,90,95＝GRUR 83,247,248-Rolls-Royce; GRUR89,602-Die echte Alternative)」(注63)、「他者の商品の名声・評判を不正に利用することは、一般に、その商品の品質を自己の商品を販売するための助力として利用することによって行われる。もっとも、品質についてのイメージを自己の商品に直接誘導しなくても、他者の製品に依拠することが販売成果をあげる前提となるのであれば、不正利用となりうる（BGH GRUR 94,732,734-McLaren）」(注64)と適用されている。また、差止請求権の行使者は、私人（違反行為による直接の被害者及び同業者）と利益団体（営業利益促進団体、消費者団体及び会議所）とされていた(注65)。

2004年7月3日に新たな不正競争防止法が成立し、同年7月7日に公布され、同年7月8日に施行された(注66)。1909年不正競争防止法は廃止されたが、1909年法1条の定めは、2004年法3条にて「競争事業者，消費者，あるいはその他の市場参加者の不利にごくわずかとはいえない程度に競争を侵害するおそれがある不正競争行為は許されない」(注67)と、概ね同じ内容にて規定されている。また、3条違反行為に対する差止請求及び損害賠償に関する定めが、8条及び9条にある。

### 3.2.3.4 中国反不正当競争法

中国の不正競争防止法である反不正当競争法（1993年制定（1993年9月2日公布、1993年12月1日施行））の5条は、商業活動における不正競争行為として、以下のとおり定めている。

「第5条　事業者は以下に記載する不正手段を用い市場取り扱いをし、競争相手に損害を与えてはならない

(1) 他人の登録商標を盗用すること。

(2) 勝手に著名商品の特有な名称、包装、デザインを使用し、または著名商品と類似の名称、包装デザインを使用して他人の著名商品と混同させ、購入者に当該著名商品であるかの誤認をさせること。

(3) 勝手に他人の企業名称または姓名を使用して公衆に当該他人の商品であるかの誤認をさせること。

(4) 商品の上に品質認定標識、優秀著名標識など品質標識を偽造し盗用し、または原産地を偽造して公衆に誤解させる商品品質の虚偽表示をすること。」(注68)

そして、2007年1月12日には、反不正当競争法の解釈について「最高人民法院による不正競争の民事案件の審理における法律適用の若干問題についての解釈」が公布されている(注69)。

これらによると、特に5条(2)項(3)項は、商品の出所を区別できる顕著な特徴を有する商品の名称、包装、装飾又は企業名称、氏名を、商業的に使用して、出所について誤認させる場合だけでなく、知名商品の事業者と使用許可関係がある又は関連企業のような特定の関係と誤認させることを禁止している(注70)。

加えて、反不正当競争法には、2条に「事業者は市場取引の中で自由意思、平等、誠実信用の原則を遵守し、公認の商業道徳を遵守しなければならない。本法において、不正競争とは、事業者が本法に違反し社会秩序を攪乱する行為をいう。本法において事業者とは、商品の経営或いは営利性の労務(以下『商品』という場合は労務も含む)に従事する法人、その他の経済組織及び個人」をいうと、定義だけでなく、不正競争行為を禁止する旨の一般条項としての内容も定めており、この一般条項を適用した裁判例も確認されている(注71)。

反不正当競争法に違反する行為があった場合には、被害事業者は人民法院に訴えを提起し救済を求めることができることに加えて(20条)、刑事罰や行政的な処分に関する定めが用意されている(21条乃至32条)。

### 3.2.3.5　ブラジル産業財産法

ブラジルでは、特許や商標について扱う産業財産法(2001年2月14日法律第10196号により改正された1996年5月14日法律第9279号)に、特別の章として不正競争に関する条項(195条)が存在する。産業財産法195条には、「次の行為をする者は、不正競争の罪を犯すことになる。」として、14の行為を刑事罰の対象行為と定めている。

その中に、以下の行為も規定されている

「(iii) 他人の顧客を自己又は他の当事者の顧客に転換させるために、詐欺的手段を使用すること

⒤ 製品又は事業体について誤認を生じさせるために，他人の宣伝文言又は標識を使用し又は模倣すること
⒱ 他人の商号，事業体名称若しくは記章を不適切に使用すること，又はそのような表示をした製品を販売し，販売のための展示若しくは申出を行い，又は貯蔵すること」

（日本語訳は，特許庁ウェブサイト：http://www.jpo.go.jp より）

　これらの行為、特に⒤号の行為については、商標権侵害に関する条項（189条及び190条）とは別に定められていることからも、商標権侵害とは別の違法行為として把握されているものと考えられる。そして、不正競争行為に対して、刑事罰（3か月以上1年以下の禁固，又は罰金）が適用される旨、同条に定められている。さらに、刑事手続とは別に民事訴訟を提起することが可能であり（207条）(注72)、損害賠償請求（208条乃至210条）についても規定されている。

　さらに、195条に規定する行為に該当しない場合でも、209条には「産業財産権を侵害する行為及び不正競争行為であって、本法に規定されてはいないが、他人の信用又は事業に損害を与える虞のあるもの、商業又は工業の企業間若しくはサービス提供業者間又は市場に出された製品及びサービス間で混同を生じさせる虞のあるものによって引き起こされた損失に関しては、被害者は、補償としての損害賠償を取得する権利を有する」（日本語訳は、特許庁ウェブサイト：http://www.jpo.go.jp より）旨の定めが存在し、裁判所による行為停止仮処分命令の根拠条文にもなっている（ブラジル産業財産法209条）。

「第209条　産業財産権を侵害する行為及び不正競争行為であって，本法に規定されてはいないが，他人の信用又は事業に損害を与える虞のあるもの，商業又は工業の企業間若しくはサービス提供業者間又は市場に出された製品及びサービス間で混同を生じさせる虞のあるものによって引き起こされた損失に関しては，被害者は，補償としての損害賠償を取得する権利を有する。
⑴裁判官は，訴訟の過程において，及び修復が不可能又は困難な損害を回避するために，被告人を召喚する前に，侵害行為又は侵害の虞のある行為を停止させる仮処分命令を出すことができ，また，必要と考えるときは，現金担保又は保証担保の供託を命じることができる。

(2)裁判官は，登録標章の複製又は明白な模造の場合は，偽造又は模造の標章を付した全ての商品，製品，物品，包装，ラベルその他について押収を命じることができる。」

（日本語訳は、特許庁ウェブサイト：http://www.jpo.go.jp より）

### 3.2.3.6 小括

欧州では、2005年の不正商業行為に関する欧州指令が、消費者保護の観点から誤認を招く行為について規制するよう各国に求めている。それに加えて、確認できた範囲では、フランスやドイツでは、他者が獲得した評判や名声を、自己の経済的利益のために利用することは不正競争であるとの判例法理及び一般条項の解釈が明確になっている。これらの存在は、ヨーロッパのそれぞれの国で、アンブッシュ・マーケティング規制法を制定する場合に、制定することについて許容性を与えるものになると考える。とりわけ、ドイツにおいては、2006年にFIFAワールドカップを開催しているが、特段にアンブッシュ・マーケティング規制法が制定されたとの情報を聞かないのは、ドイツ不正競争防止法がそのまま機能するとの判断によるものと考えられる。

中国においても、オリンピック・シンボル保護条例らの規制内容は反不正当競争法に定めている規制の範囲内であり、オリンピック・シンボル保護条例らは、商業目的で使用することを禁止される北京オリンピック関係の保護標章とは何であるのかを明確にしたものと理解できる。

ブラジルでも、産業財産法195条に定める不正競争の法理や同209条に定める「本法に規定されてはいないが，他人の信用又は事業に損害を与える虞のあるもの，商業又は工業の企業間若しくはサービス提供業者間又は市場に出された製品及びサービス間で混同を生じさせる虞のある」行為として、オリンピックやFIFAワールドカップに関するアンブッシュ・マーケティング行為を規制する法の一般法として存在するものと考えられる。

### 3.2.4 パリ条約10条の2

最後にパリ条約に定められている不正競争行為の禁止規定を確認する。

不正競争行為の禁止は、10条の2として以下のとおり定められている。

「第10条の2　不正競争行為の禁止
(1) 各同盟国は、同盟国の国民を不正競争から有効に保護する。
(2) 工業上又は商業上の公正な慣習に反するすべての競争行為は、不正競争行為を構成する。
(3) 特に、次の行為、主張及び表示は、禁止される。
　1. いかなる方法によるかを問わず、競争者の営業所、産品又は工業上若しくは商業上の活動との混同を生じさせるようなすべての行為
　2. 競争者の営業所、産品又は工業上若しくは商業上の活動に関する信用を害するような取引上の虚偽の主張
　3. 産品の性質、製造方法、特徴、用途又は数量について公衆を誤らせるような取引上の表示及び主張」

（訳文は、特許庁ウェブサイト：http://www.jpo.go.jp/ より）


Article 10bis [Unfair Competition]
(1) The countries of the Union are bound to assure to nationals of such countries effective protection against unfair competition.
(2) Any act of competition contrary to honest practices in industrial or commercial matters constitutes an act of unfair competition.
(3) The following in particular shall be prohibited:
　1. all acts of such a nature as to create confusion by any means whatever with the establishment, the goods, or the industrial or commercial activities, of a competitor;
　2. false allegations in the course of trade of such a nature as to discredit the establishment, the goods, or the industrial or commercial activities, of a competitor;
　3. indications or allegations the use of which in the course of trade is liable to mislead the public as to the nature, the manufacturing process, the characteristics, the suitability for their purpose, or the quantity, of the goods.

この10条の2は、1883年の当初条約にはなく、1900年ブラッセル改正会議（第三回改正会議）で、フランスの提案に基づき導入されたのが最初である(注73)。その後1925年ヘーグ会議（第五回改正会議）にて「工業上又は商業上の誠実なる慣習に反する一切の行為は不正競争の行為を構成する」との不正競争行為の定義（現行の(2)項）が設けられるとともに、現行(3)項1号及び2号に相当する規定を追加し、1934年ロンドン会議（第六回改正会議）で、現行の(3)項1号及び2号の規定が整備され、1958年リスボン会議（第七回改正会議）では、現行の(3)項3号の規定が追加された(注74)。

　(3)項の規定中に「特に」とあるとおり、(3)項の規定事項は例示であり、(2)項に定める不正競争のすべてを限定したものではない。パリ条約締約各国は、(3)項の規定内容を最低限とした上で、不正競争の内容・範囲を決定することができる(注75)。

　ここからすると、各国において不正競争の内容・範囲をどのように決定しているかにより(注76)、アンブッシュ・マーケティング規制法の制定にそれほどの困難はないように思われる。

## 3.2.5 小括

　3.2の冒頭にて仮説として設定したとおり、オーストラリア及びロシアにおいては、民間イベントであるオリンピックのためにアンブッシュ・マーケティング規制法は、競争法にて「誤認を生じやすい又はぎまん的若しくは誤認を生じさせ又はぎまん的となるおそれのある行為」や「誤った、不正確な又は歪んだ情報を広めること」を規制する条文が基礎となって、制定されていると考える(注77)。

　オーストラリア及びロシア以外の国においても、本稿で取り上げたアンブッシュ・マーケティング規制法が制定されている国における法の背景について引き続き検証をしていく必要があると考えているものの、コモンロー上のパッシングオフの法理、パッシングオフの法理が取り込まれた商標法、不正な商業行為への規制といった基礎が存在するものと考える。

　アンブッシュ・マーケティング規制法は、一見知的財産法の観点から制定されているように思えるが、必ずしも知的財産法に基づくものではなく、ア

メリカ商標法やカナダ商標法にも内在しているパッシングオフの法理を含めた不正競争の概念が基礎になっていると考える。上述したオーストラリアやロシアにおける競争法における「誤認を生じやすい又はぎまん的若しくは誤認を生じさせ又はぎまん的となるおそれのある行為」や「誤った、不正確な又は歪んだ情報を広めること」の規制についても、競争法上の規定であるが、それぞれの競争法のなかでは、不公正取引行為、不正競争の禁止に分類されている。加えて、よく知られているドイツ不正競争防止法に限らず、オーストラリア競争法、ロシア競争法、中国反不正当競争法にも、不正競争に関する一般条項又は一般条項に相当する条項が存在する。

こうした基礎になる法理、法が存在するが故に、それを明確にする又は迅速な解決のため、個別の民間イベントのための「アンブッシュ・マーケティング規制」の法を制定することは、それほど難しいことではなかったと考えられる。そして、このことは、オリンピックに限らず、FIFAワールドカップや他のイベントのための法が制定されていることについても、同様の説明が当てはまるものと考える。

以上を踏まえて、次の章では、我が国でアンブッシュ・マーケティング規制法を制定することを考えた場合、各国にて基礎となった法又は法理に相当するものがあるか検討する。

---

(注1) 拙稿「著名商標の保護について―アンブッシュマーケティング規制の検討を中心に―」日本大学知財ジャーナル6号43-44頁。拙稿「オリンピック開催とアンブッシュ・マーケティング規制法」日本知財学会誌11巻1号8-9頁。
(注2) 2020 Candidature Procedure and Questionnaire (May, 2012) pp28,57：http://www.olympic.org/ （2014年9月18日確認）。
(注3) 2020 Candidature Procedure and Questionnaire・前掲（注2）p59。
(注4) 2020 Candidature Procedure and Questionnaire・前掲（注2）p59。
(注5) 2020 Candidature Procedure and Questionnaire・前掲（注2）p77。
(注6) 2013年9月のIOC総会で2020年のオリンピック開催都市が東京に決まった際に、猪瀬東京都知事（当時）、竹田日本オリンピック委員会委員長が、

安倍首相とともに、IOC、招致委員会及び日本オリンピック委員会による署名された開催都市契約を掲げているニュース映像が広く配信されている。

なお、東京オリンピック・パラリンピック招致委員会「2016 年オリンピック・パラリンピック招致活動報告書」(2010) 331-332 頁によれば、2016 年オリンピックの開催都市契約は、IOC 総会で開催都市が選定される前日 (2009 年 10 月 1 日) に、すべての開催候補都市及びその国のオリンピック委員会により事前に署名されていた。

(注 7) 2020 Candidature Procedure and Questionnaire・前掲（注 2）p115。

(注 8) 東京オリンピック・パラリンピック招致委員会「2016 年オリンピック・パラリンピック招致活動報告書」・前掲（注 6）332 頁にも、2016 年オリンピック開催都市契約は、3 度に渡って事前に開催候補都市に提示されたことが明記されている。

(注 9) 2020 Candidature Procedure and Questionnaire・前掲（注 2）pp57-58。Undertaking としてもその義務が定められている。

(注 10) 拙稿「著名商標の保護について―アンブッシュマーケティング規制の検討を中心に―」日本大学知財ジャーナル 6 号 44 頁。

(注 11) 招致契約（Bidding Agreement）は、FIFA の活動に関して懐疑的な立場のジャーナリストのホームページ（http://www.transparencyinsport.org 2014 年 7 月 7 日確認）にて公開されている。

(注 12) 前掲（注 11）。

(注 13) 2018 年及び 2020 年の FIFA ワールドカップ開催国を選定する際に、オランダはアンブッシュ・マーケティング規制に関する政府保証の内容を変更したものを提出した。しかしながら、2010 年 9 月 16 日付けの Foundation bid 2018/2020 Holland-Belgium 宛の FIFA 書簡（発信人 Jorg Vollmuller, Head of Commercial Legal）は、FIFA が要請した内容に合致するものではないと指摘している。

この事実は、Andrew M. Louw, AMBUSH MARKETING AND THE MEGA-EVENT MONOPOLY (2012) pp168-169 でも指摘されている。

(注 14) 2018 FIFA World Cup Bid Evaluation Report Russia p29：http://www.fifa.com （2014 年 7 月 20 日確認）。

(注15) 2010年FIFAワールドカップのためにFIFAと南アフリカフットボール協会間のOrganising Association Agreement（2003年8月に南アフリカフットボール協会が署名。http://ccs.ukzn.ac.za より入手）で、31.1.4 "The Organising Association shall take all necessary measures to eliminate Ambush Marketing within the Host Country and use its best efforts to prevent Ambush Marketing and assist FIFA to prevent Ambush Marketing"

(注16) UEFA 2020 Tournament Requirements, Sector 5 Legal Aspect pp 4-5（UEFAのホームページ：www.uefa.com（2014年7月20日））。

(注17) Commonwealth Games Federationのホームページ：http://www.thecgf.com（2014年7月21日確認）。

(注18) 前掲（注17）。

(注19) Candidate City Manual 2018 Commonwealth Games (Revised May 2011) p28。Commonwealth Games Federationのホームページ：http://www.thecgf.com（2014年7月21日確認）。

(注20) Candidate City Manual 2018 Commonwealth Games・前掲（注19）p28。

(注21) Candidate City Manual 2018 Commonwealth Games・前掲（注19）pp74-76。

(注22) Candidate City Manual 2018 Commonwealth Games・前掲（注19）p76。

(注23) 2018 Commonwealth Games Candidature Report of the CGF evaluation Commission (September 2011) にも、候補都市であったGold Coast及びHambantotaについて、CGFが要求している政府保証が提出されているかどうかも含め、評価レポートが提出されている。Commonwealth Games Federationのホームページ：http://www.thecgf.com（2014年7月21日確認）。

(注24) City Council Report (City of Scottsdale, Arizona July 5, 2011)。

(注25) City Council Report (City of Scottsdale, Arizona April 30, 2013)。

(注26) 2011年にArlingtonでSuper Bowlが開催された際、隣接するFort Worthの条例は、2011年1月23日から2011年2月8日まで有効として施行された。Ari J. Sliffman, Unconstitutional Hosting of the Super Bowl: Anti-

Ambush Marketing Clean Zones' Violation of the First Amendment, 22 Marq. Sports L. Rev. 257 (2011) pp275-276。

(注27)　Sachs, Andrew, Is the NFL Playing Dirty with Super Bowl Clean Zones?: Will the Noerr-Pennington Doctrine Be Successfully Applied By the NFL in Williams v. City of Arlington and Future Cases Involving the Super Bowl Clean Zone Ordinance, (2013). pp4-5.（http://erepository.law.shu.edu/student_scholarship/113），Ari J. Sliffman・前掲（注26）p277。

(注28)　前掲（注27）。

(注29)　「(2006年6月)16日のサッカーのワールドカップ(W杯)オランダ－コートジボワール戦会場で、多数のオランダ人ファンが自国のビール会社の名前が書かれたズボンをはいて入場しようとしたところ、係員から脱がなければ観戦させないと言われ、本当に脱いで下着姿で観戦した。国際サッカー連盟（FIFA）の17日の記者会見で明らかになった」（共同通信社2006年6月17日）と配信された事案。

(注30)　こうした要請をすることは、原則として法的に問題はないと考えられる。
　米国最高裁は、政府の活動を求める民間団体の行為について、修正1条に基づき保護されるとする（Noerr-Pennington Doctrine）（Eastern Railroad Presidents Conference et al v. Noerr Motor Freight Inc. et al (365 US 127 (1961) 及び United Mine Workers of America v Pennington et al (381 US 657 (1965))。
　ただし、政府への要請が、合法的な肯定的成果を求めることなく、反競争的な道具として行われた場合は、この法理の例外となる (City of Columbia et al v. Omni Outdoor Advertising Inc. 499 US 365(1991))。

(注31)　Jeremy Curthoys and Christopher N Kendall, Ambush Marketing and the Sydney 2000 Games (Indicia and Images) Protection Act: A Retrospective, 8 Murdoch University Electronic Journal of Law 2 (2001), Paragraphs21-37。

(注32)　Australian Government AUSTRALIAN CONSUMER LAW A GUIDE TO PROVISIONS (2010)（http://www.ag.gov.au）pp4, 11。

(注33)　Australian Government, AMBUSH MARKETING LEGISLATION

REVIEW (Oct. 2007) p34。
(注34) Australian Government・前掲（注33）pp10, 72。
(注35) Australian Government・前掲（注33）pp10-11, 94-95。
(注36) Australian Government・前掲（注33）pp11, 95。
(注37) 邦訳にあたり、Asia-Pacific Economic Cooperation, RUSSIAN FEDERATION FEDERAL LAW ON PROTECTION OF COMPETITION (2012)を参照した。
(注38) 邦訳にあたり、Asia-Pacific Economic Cooperation, RUSSIAN FEDERATION FEDERAL LAW ON PROTECTION OF COMPETITION (2012)を参照した。
(注39) Maria Ankoudinova and Valentin Petrov, Antitrust and Three Rising Giants –Part 2: Russia, [2008]I.C.C.L.R 365。
(注40) Christopher Wadlow, THE LAW OF PASSING-OFF, 1990, pp199-272 Christopher Wadlow, THE LAW OF PASSING-OFF UNFAIR COMPETITION BY MISREPRESENTATION, 2011, pp461-517。
(注41) Christopher Wadlow(2011)・前掲（注40）pp537-538。
(注42) Christopher Wadlow(2011)・前掲（注40）p539。
(注43) Christopher Wadlow(2011)・前掲（注40）pp534-535。なお、共同体商標に関する訴訟としてはC-206/01があるが、そこではパッシングオフについては争われていない。
(注44) Christopher Wadlow(2011)・前掲（注40）p536。
(注45) Phillip Johnson, AMBUSH MARKETING AND BRAND PROTECTION LAWS AND PRACTICE SECOND EDITION, 2011, p71。
(注46) Phillip Johnson・前掲（注45）p74。
(注47) TMI総合法律事務所『知的財産の適切な保護に関する調査研究　東アジア大における不正競争及び営業秘密に関する法制度の調査研究報告―欧米の法制度との対比において―』(2007) 156頁。
(注48) S. Rep. no. 515, 100th Cng., 2d Sess(1988) "Since its enactment in 1946, however, it has been widely interpreted as creating, in essence, a federal law of unfair competition law", "the committee expects the courts to

continue interpret the section."

(注49) Barrett, Margreth, A Cause of Action for "Passing Off/Associational Marketing", IP Theory: Vol. 1: Iss. 1 (2010) p17。

(注50) Uniform Deceptive Trade Practice Act, Prefatory note より。

(注51) http://law.jrank.org/ の情報（2014年5月17日確認）によれば、2003年時点で12州。なお、UDTPAを採用していない州でも、欺瞞的な広告を規制する法はほとんどの州が有している。また、連邦取引委員会法（Fair Trade Commission Act）5条でも、「不公正又は欺瞞的行為若しくは慣行」について規制されるようになっている（1938年 Wheeler-Lea Act による改正）。

(注52) "Section 7 (b) is a statutory statement of the common law action of passing off" (MacDonald et al v Vapor Canada Ltd [1977]2 SCR 134)
"Section 7 (b) of the Trade Mark Act, which creates a civil cause of action essentially codifying the common law tort of passing off,…" (Kirkbi AG v Ritvik Holding Inc.(2005 SCC 65 [2005]3 SCR 302)

(注53) 知的財産研究所『平成3年度知的財産政策に関する調査研究委託研究結果報告書 不正競争防止法に関する調査研究』(1992) 180-196頁（江口順一執筆）によると、欺瞞的広告に関する指令として、1978年草案、1984年草案、1991年草案が作成されている。

(注54) 2005年不正商業行為に関する欧州指令（Unfair Commercial Practice Directive 2005/29/EC（11May. 2005））前文6、8。同前文6は、この指令は、競争者の利益を保護する各国法を制限するものではないと明記している。

また、ジャック・ラリュー（松川正毅訳）「不正競争と民事責任」阪大法学63巻2号（2013）620-621頁によると、この2005年指令に基づくフランス消費者法典L 121条の1は、不正競争の訴えに用いられ、商人間の争いにも直接適用される。

(注55) 渋谷達紀『知的財産法講義III（第2版）』（有斐閣・2008）3頁、大橋麻也「フランスにおける不正競争の概念」比較法学40巻2号（2007）92頁。

(注56) いずれも大橋・前掲（注55）94頁。

(注57) 大橋・前掲（注55）100頁。

(注58) 大橋・前掲（注55）104頁。

## 3　各国の「アンブッシュ・マーケティング規制法」制定の背景

(注59) ジャック・ラリュー（松川正毅訳）「不正競争と民事責任」阪大法学 63 巻 2 号（2013）616 頁。

(注60) 鈴木清貴「不正競争と不法行為―不正競争防止法と民法の関係―」帝塚山法学 18 号（2009）102 頁。

(注61) 知的財産研究所『平成 3 年度知的財産政策に関する調査研究委託研究結果報告書　不正競争防止法に関する調査研究』（1992）145 頁（田村善之執筆）。同 81 頁（松本恒雄執筆）も同趣旨。寄生広告について、スイスにおいても同様であるとしている。

(注62) 商事法務研究会『規制緩和後の市場ルール重視型経済社会における競争秩序規制の在り方に関する調査研究』（1999）219 頁、豊崎光衛「ドイツの不正競業法」比較法研究 19 号（1959）32 頁。

(注63) 商事法務研究会・前掲（注62）69 頁。

(注64) 商事法務研究会・前掲（注62）70 頁。

(注65) 商事法務研究会・前掲（注62）108 頁。

(注66) 中田邦博「ドイツ不正競争防止法の新たな展開――新 UWG について――」立命館法学 298 号（2004）250-251 頁。

　また、土肥一史「新ドイツ不正競争防止法案の下での不正競争行為の概説」日本弁理士会中央知的財産研究所『研究報告第 16 号　不正競争防止法における表示に関する権利の実現』（2005）101 頁は、新法の下での不正競争行為について検討している。

(注67) 中田・前掲（注66）260 頁。

(注68) 独立行政法人日本貿易振興機構（ジェトロ）北京センター知的財産部編の法文訳。

(注69) 前掲（注68）。また、この司法解釈を解説したものとして、周山「中国『反不正当競争法』における知的財産保護の強化―反不正当競争法の初の最高裁司法解釈に関する全文解釈」帝塚山法学 18 号（2009）230 頁がある。

(注70) 反不正当競争法の適用において、2007 年 8 月 21 日に国家工商行政管理総局より各地の工商行政管理機関に対して「『傍名牌』の不正競争行為を打撃する特別法執行行動の展開に関する通達」が出され、他社の知名商号又は商標を勝手に自社の商号として企業登録申請を行い、且つ様々な手段により市場

で使用し、市場の誤認や混同を引き起こす不正競争行為を「傍名牌」行為と呼び、当該行為の規制強化を指示するとともに、2007年12月30日までに活動結果の報告を命じている。なお、「『傍名牌』の不正競争行為を打撃する特別法執行行動の展開に関する通達」の邦文訳は、ジェトロのウェブサイト：http://www.jetro.go.jp（2014年8月18日確認）より。

(注71) TMI総合法律事務所・前掲（注47）27・33頁。

(注72) 侵害行為の差止請求も認められている。Andres de O. S. Moreira, Alberto J. Guerra Neto 著（Cristina Guerra 訳）「ブラジルにおける戦略的権利保護 —商標、意匠及び不正競争を中心に—」パテント63巻12号44頁。

(注73) 後藤晴男『パリ条約講和〔TRIPS協定の解説を含む〕（第12版）』（発明協会・2002）417頁。

(注74) 後藤・前掲（注73）11-19、417-418頁。

(注75) 後藤・前掲（注73）419頁。

(注76) ジェトロ『模倣対策マニュアル ブラジル編』(2011) 91頁によれば、ブラジルでは、パリ条約10条の2の規定に基づき、消費者保護法にて、誤認を生じる広告を禁止しているとする。

(注77) 拙稿「オリンピック開催とアンブッシュ・マーケティング規制法」日本知財学会誌11巻1号9-11頁。

## 3 各国の「アンブッシュ・マーケティング規制法」制定の背景

> **column**
>
> ## 2020東京オリンピックエンブレム問題について
>
> ### 1. エンブレム問題の前提は？
>
> 2015年7月24日、2020年東京オリンピック・パラリンピックのエンブレムがそれぞれ公表されたが、ベルギーの劇場で使用されているものと類似しているといったこと、デザイナーが他のプロジェクトで作成したデザインが第三者のものをトレースしたものではないかといったことで、非常に話題になり、結局同年9月1日に大会組織委員会が今回のエンブレムについて使用中止を発表し、改めて公募することになった。
>
> この間、デザインとして類似しているかどうか、公表までに組織委員会とデザイナーの間で当初のデザインを修正した上で最終化されたことの是非など、必ずしも専門家ではない方々によるものも含めて、様々な議論がされていたように思う。
>
> 直接それら議論にコメントをするものではないが、それらの議論のなかで前提についての視点が欠けているように思われるので、そこでいくつか述べる。
>
> ### 2. 税金が無駄に使用された？
>
> 多くの人たちが誤解していると思えることは、オリンピックの母体である国際オリンピック委員会（IOC）は民間組織であり、国連や国の機関ではないということである。そして、それぞれのオリンピック大会は、組織委員会が編成されている。
>
> 本書のなかでも言及しているが、1980年まではオリンピック運営に税金が投入されてきたが、そのため開催都市として立候補する都市が少なくなってきており、1980年冬季オリンピック委員会が赤字にて破たんするに到り、1984年以降はオリンピック運営に税金が投入されない体制になっている。現に東京都議会でも、オリンピック運営に東京都の税金が投入されることはないことを確認されている（パラリンピック運営費用には、国と東京都で運営資金を負担することが東京都都議会で確認されている）。
>
> そのためにも、IOCや組織委員会は、オリンピック運営のために、チケットの販売、放映料、ライセンス料、スポンサー料といった収益を確保することが重要なことなのである。特に、大会組織委員会は、各競技のチケットの販売の促進のために大会を盛り上げたり、ライセンス料やスポンサー料の対価としてライセンス契約先やスポンサーに大会エンブレムの使用を許諾したりするため、魅力的な大会エンブレムの制作に注力するのである。つまり、IOCや組織

委員会が行っている活動は、一般の民間企業が行っている活動と変わらないことはあまり認識されていないように思う。

では、2020年オリンピックの東京招致に東京都知事や首相が出てきているのはなぜなのか？それは、オリンピックというイベントを利用して、開催地である東京への注目を集めることで、観光客の増加や開催準備のための施設建設を通じて、経済活性化などを目論んでいるものである。オリンピック招致したということで、政治家として支援者を増やすといった政治的な思惑もあるかもしれない。そして、オリンピックで使用するため、そしてオリンピック終了後も活用できる施設建設（典型的なものとして、新国立競技場の建設）などには、税金が投入される。

オリンピック運営費用の話とオリンピックを利用して行われている活動の費用の話は、分けて考える必要がある。

## 3. 審査の結果一位になった応募作品を、公表前に修正することはおかしい？

2015年7月24日に公表されたエンブレムが、当初に応募されたときのデザインと異なっており、大会組織委員会の指示で修正がされた上で最終化されたものが公表されていたということにも批判がされていたようである。

しかしながら、上記したように組織委員会として収益を得るために、大会のチケットの販売（国内での販売に限らず、海外でも販売される）、ライセンス契約先やスポンサーに使用許諾するにあたっては、第三者の権利を侵害しないことを確認しなければならない。ビジネスとして成立させるためには、デザイナーが応募したデザインについて、第三者の権利を侵害しないことを確認する必要がある。

それには、第三者の著作権、商標権を侵害していないことがポイントとなる。

まず、第三者の著作権を侵害していないことは、応募にあたって各応募者に誓約させる必要があり、そのため応募者が信頼できる者でなければならない。最初の公募の段階で、応募できる者を限定したことは、理解できる措置である。

次に、第三者の商標権を侵害していないことの確認には、使用が想定される商品・役務について、使用が予定される国において商標調査を行い（これには、登録されていないが、少なくとも周知になっているマークも調査対象になるはずである）、類似のものが見つかれば、応募作品をそのまま使用することはできず、修正を施すしかない。このプロセスをすべての応募作品について実施することは金銭的や時間的にも不可能であるため、公募段階で一位になった作品に対してのみ行うのは通常のことである。応募要項でこうしたプロセスがあることが明記されているのが一般的であるが、今回のエンブレムの事案では、審査の上で一位とされたデザインについて、当該デザイナーとの覚書でこのプロ

セスに合意した模様である。

　不透明なプロセスであるといった批判もされているが、大会エンブレムはビジネスとして重要な役割を果たすものであり、組織委員会としては問題なく使用できるよう手配しなければならないために、必要なプロセスを採っていたように思われる。ただし、審査委員など内部関係者に、十分周知していなかった点は、反省すべきあろう。

## 4. 組織委員会の主張は、商標のことばかり?

　7月24日に公表された後、ベルギーの劇場のマークと類似していると話題になった際に、組織委員会は商標調査を行い、問題ないことを強調し、もうひとつの著作権のポイントについては、あまり主張をしていなかったように思われる。

　確かに、著作権については、類似していないことだけでなく、応募デザイナーが第三者の作品に依拠していないことがポイントであるため、応募デザイナーに説明させるという手段を採ったのかもしれない。

　ただ、筆者には、組織委員会は別の思惑があったために、著作権侵害に当たらないことの説明を意図的に避けていたように思える。すなわち、著作権というものは、相対的な権利であり、たとえ他人の著作物と類似していても、デザイナーが当該著作物に依拠していない場合は侵害には当たらないが、組織委員会がこの通りの説明をし、大会エンブレムは著作権の観点からも問題ないからと使用を継続したとしたら、この大会エンブレムを真似た制作物を作って何らかの活動を行う第三者も同様の主張をし（実際には大会エンブレムに依拠していたとしても）、また多くの者が同様の主張をすることが予想された。その結果、大会組織委員会が、それら模倣エンブレムの使用の対応に苦慮するという事態が生じることを避けるために、著作権に関する説明は避けていたのではないかと思われる。

　アンブッシュ・マーケティング規制法が我が国において存在していないことによって、大会運営者が苦慮した事案ではないかと考える。

## 5. 招致活動で用いたエンブレムは、大会エンブレムとしてなぜ使用できないのか?

　7月に発表した大会エンブレムの使用中止にあたり、招致活動の際に用いた花環のデザインのエンブレムを使用すればいいではないかとの意見も耳にする。これについては、IOCのルールで使用できないとの説明がされている。

　確かにIOCが認めておらず、ここにもビジネス上の事情に起因しているのであるが、この点を説明する解説者等はいないようである。

まず、上記したとおり、大会エンブレムはビジネスに用いる前提で必要な範囲で世界での商標調査等を行い権利確保を行うが、招致活動時の花環デザインについて日本国内では権利確保ができているのかどうか。招致活動そのものは、チケットが販売されたり、ライセンス商品が販売されたり、スポンサーの商品や役務に使用されることを前提とした権利確保までできているのかどうか疑問であるという点がひとつ。

　次に、もっとIOCや組織委員会にとって重要なことがある。オリンピック開催の招致活動に、オリンピック大会のスポンサーは協力できないことになっている。IOCから各オリンピックスポンサーに対して定期的に確認する要請文書が届く。IOCが開催地を選択するにあたり、スポンサーの思惑とは独立して選択するということもあるし、オリンピックスポンサーは、世界規模の事業活動を行っており、開催立候補をしようする地域には必ず現地法人等が存在することにもなり、仮にスポンサーが招致活動に参加した場合、複数の開催立候補都市に同一のスポンサーが支援するといった複雑な状況を避けるためである。オリンピック大会と招致活動は、全く別の活動と整理されている。ここで、招致活動時の花環デザインを大会エンブレムとした場合、招致活動を支援した企業（オリンピックスポンサーではない）が招致活動時にその花環デザインとともに表示されたりしていることから、大会スポンサーと誤認される事態を招くことになるのである。IOCや組織委員会が、自らアンブッシュ・マーケティング活動を引き起こすことになるのである。

　こうしたビジネス上の事情から、招致活動時のデザインは、大会エンブレムにすることは認められていないのである。

# 4

## 我が国における
## 「アンブッシュ・マーケティング規制法」
## 制定の可能性

各国で制定されているアンブッシュ・マーケティング規制法には、基礎となる法又は法理が存在し、単にイベントを開催するために必要との政策的な理由だけに基づくものではないことを検証した。本章では、我が国でアンブッシュ・マーケティング規制法を制定する上で、基礎となる法が存在するのか検討する。

## 4.1　商標法・不正競争防止法2条1項1号及び2号、同法17条

### 4.1.1　適用対象

　商標法・不正競争防止法2条1項1号及び2号は、イベント関連の標章と同一・類似のマークを使用した場合に適用されるものであり、その対象はA及びBのタイプの活動になる。

　また、不正競争防止法17条の経済産業省令で定める標章には、「国際オリンピック委員会」「INTERNATIONAL　OLYMPIC COMMITTEE」「IOC」の文字標章とともに、オリンピック・シンボル及びオリンピック・シンボル旗の合計5標章が1993年に指定されており、この指定は1991年IOC総会にて1998年冬季オリンピックの開催都市として長野が決定した後のことである（不正競争防止法第十六条第一項及び第三項並びに第十七条に規定する外国の国旗その他の記章及び外国の政府若しくは地方公共団体の監督用若しくは証明用の印章又は記号並びに国際機関及び国際機関を表示する標章を定める省令（平成6年4月19日通商産業省令第36号）。なお、長野が1998年冬季オリンピックの開催都市に選定されたのは、1991年6月バーミンガムで開催されたIOC総会である）。ただし、不正競争防止法17条の定めは、「商標として」使用することを禁じるものであり、やはりその対象はA及びBのタイプの活動である。また、指定されている標章には、「オリンピック」「OLYMPIC」が含まれておらず、その実効性には疑問がある（不正競争防止法17条は、刑事罰（不正競争防止法21条2項7号）によって実効性を担保するものであること、また「OLYMPIC」や「オリンピック」は17条で保護される標章として指定されていないことから、その保護の実効性が十分

なのかも疑問である）。

　これら標識法による保護は、第1章で述べたとおり、差止請求等の対象が「商標としての使用」・「商品等表示としての使用」の場合、すなわち出所表示機能を果たす態様の使用の場合に限定されることは一般的に指摘されている(注1)。

## 4.1.2 「出所表示機能を果たす態様」とは

　ただ、出所表記機能を果たす態様とは、どのようなものであるのかは必ずしも明確ではないことから、柔軟に把握することもできそうである。例えば、不正競争防止法の事件で、全国共通図書券の発行・販売を行っている会社（原告）が、被告による「図書券の利用が可能である」旨の店内での表示について争った図書券事件（東京地判平成14年1月24日判時1814号145頁・判タ1120号282号（平成13年(ワ)第11044号））では、被告の行為が不正競争行為であると認められた。すなわち、店舗内において掲出した表示が、出所表示機能を果たす態様の使用と認められた。また、婦人服にデザイン的に使用された表示について、商標権侵害が認められたBalcony & Bed事件（東京地判平成24年7月31日裁判所ウェブサイト（平成23年(ワ)29563号））もある。一方で、商標権侵害が認められなかったPOPEYEティシャツ事件（大阪地判昭和51年2月24日無体裁集8巻1号102頁・判時828号69頁・判タ341号294頁（昭和49年(ワ)393号））もある。しかしながら、審決取消請求訴訟ではあるものの、概ね同じようなTシャツ上にデザイン的に使用された事案で、商標の使用であると認められたインディアンモーターサイクルティシャツ事件（東京高判平成15年3月26日裁判所ウェブサイト（平成14年（行ケ）500号））もあり、POPEYEティシャツ事件の先例的な価値は薄れている。

　Balcony & Bed事件は、衣料ロッカー上に、NFLに所属する数多くのフットボールチームのヘルメットのマークがデザイン的に使用された表示について、不正競争行為であると判示したフットボールチーム・シンボルマーク事件（最三小判昭和59年5月29日民集38巻7号920頁・判時1119号34頁・判タ530号97頁（昭和56年(オ)1166号））での判断と同様に思われる。さら

に、雑誌社とのタイアップ広告において表示した被告標章が、原告商標権を侵害するとされたタイアップ広告表示事件（大阪地判平成20年2月7日裁判所ウェブサイト（平成19年(ワ)3024号））などがある。

　また、「出所」の意味する範囲は必ずしも明確ではないことから(注2)、出所の意味する範囲を柔軟に解する余地もあると考えられる(注3)。例えば、照明器具に、製造販売業の標章とは別に付されていた照明器具工業会の認定マークについて、商標の使用であると認められたJIL事件（知財高判平成23年3月17日判時2117号104頁・判タ1377号204頁（平成22年（行ケ）10359号））がある。商品に付された製造販売業者の標章が明確に識別できるなか、照明器具工業会の認定マークについて、照明器具工業会を出所として示すものと認めた事案である。他にも、製造者の商標が付された商品を再販売するにあたり、再販売業者の付した標章が商標の使用であると認められた忠臣蔵事件（知財高判平成21年6月25日判時2051号128頁・判タ1309号267頁（平成20年（行ケ）10482号））がある。JIL事件や忠臣蔵事件は審決取消請求訴訟であるが、侵害訴訟においても、良質な中古情報機器の普及を促進することを事業とする原告団体のデータ消去ソフト認定マークについて、非会員による当該マークの使用が、原告商標権を侵害するとしたデータ消去ソフト認定マーク事件（東京地判平成25年11月26日裁判所ウェブサイト（平成23年(ワ)30933号））がある。「出所」については、商品の製造元・販売元又は役務の提供元と限定的に考える必要はなく、その商品・役務について認定する者や証明する者も含むと柔軟に解することは可能である(注4)。「出所」の意味を広く捉え得る可能性はあるので、この点からも、出所表示機能を果たす態様が広く解釈できる可能性はある。

### 4.1.3　適用の限界

　しかしながら、出所についてこのように理解したとしても、上述の商標法や不正競争防止法による保護は、A及びBのタイプの活動に対応する規制への適用に限定され(注5)、しかも出所表示機能を果たすとは考えられない場合には活用できない。また、イベント関連の標章と同一・類似のマークを使用しないタイプのアンブッシュ・マーケティング活動（C及びDのタイプの

活動）に適用できない。

## 4.2 不正競争防止法の誤認惹起行為

### 4.2.1 不正競争防止法2条1項13号（誤認惹起行為）

　第3章で述べたとおり各国でのアンブッシュ・マーケティング規制法の基礎にあるのは不正競争の概念である。そこで、我が国の不正競争防止法について、次に検討する。

　我が国の不正競争防止法は、一般条項を有しておらず、不正競争に該当する行為が限定列挙されている。適用可能性がある条項は、不正競争防止法2条1項13号（誤認惹起行為）である（平成5年改正にて（平成6年5月1日施行）、2条1項10号として規定され、その後同項12号（平成11年10月1日施行）、同項13号（平成13年12月25日施行）となっている）。13号に定める「不正競争」として、以下の定めとなっている。

「13. 商品若しくは役務若しくはその広告若しくは取引に用いる書類若しくは通信にその商品の原産地、品質、内容、製造方法、用途若しくは数量若しくはその役務の質、内容、用途若しくは数量について誤認させるような表示をし、又はその表示をした商品を譲渡し、引き渡し、譲渡若しくは引渡しのために展示し、輸出し、輸入し、若しくは電気通信回線を通じて提供し、若しくはその表示をして役務を提供する行為」

そして、私人による差止請求・損害賠償請求が存在する（3条、4条）。

　旧不正競争防止法（昭和9年制定、昭和10年1月1日施行）には、現行条項に相当する条文は存在しなかったが、昭和25年5月1日施行法において、1条1項5項に商品の品質、内容、製造方法、用途、数量について欺瞞的な表示をする行為として、

「左ノ各号ノ一ニ該当スル行為ヲ為ス者アルトキハ之ニ因リテ営業上ノ利益ヲ害セラルル虞アル者ハ其ノ行為ヲ止ムベキコトヲ請求スルコトヲ得

五　商品若ハ其ノ広告ニ其ノ商品ノ品質、内容、製造方法、用途若ハ数量ニ付誤認ヲ生セシムル表示ヲ為シ又ハ之ヲ表示シタル商品ヲ販売、拡布若

ハ輸出スル行為」

と定められていた（パリ条約リスボン改正会議（1958年）に同条約10条の2第3項に3号が新設されたことから、旧不正競争防止法1条1項5号が昭和25年改正時に追加された）。

なお、牛肉が入っている旨表示されていたが、中身は鯨肉や馬肉であったという昭和35年の牛肉缶詰事件の際に適用され得ることは明らかであったが、当該事件は不正競争防止法の問題とはならなかった。

## 4.2.2 不正競争防止法の誤認惹起行為に関する裁判例

不正競争防止法の誤認惹起行為（旧不正競争防止法1条1項5号も含む）に関する裁判例を確認する。誤認惹起行為に関する裁判例は数多くある。

まず、商品の内容物や生産された場所など、商品についての直接的な表示に関する事案である。例えば、発泡酒について「ライナービヤー」の名称をつけて広告、販売した行為は、商品の品質、内容について誤認を生ぜしむる行為（当時の不正競争防止法1条1項5号）に該当すると判示されたライナービヤー事件（東京高判昭和38年5月29日東京高裁（民事）判決時報14巻5号142頁・判時342号17頁・判タ146号90頁（昭和36年(ネ)1629号・1633号））、「本みりんタイプ調味料」の表示が「本みりん」の品質、内容について誤認を生ぜしめる表示に当たる行為（当時の不正競争防止法1条1項5号）に該当すると判示された本みりんタイプ調味料事件（京都地判平成2年4月25日判時1375号127頁（昭和62年(ワ)1552号））では、品質、内容について誤認を生ぜしめる表示にあたるとされた。他にも、級別の審査・認定を受けなかったために酒税法上清酒2級とされた商品に清酒特級の表示をした行為は、たとえその品質が実質的に清酒特級に劣らない優良なものであったとしても誤認表示に当たるとされた事件（最判昭和53年3月22日刑集32巻2号316頁（昭和53年(あ)1277号））、広告で「一般的なキシリトールガムに比べ、約5倍の再石灰化効果を実現」との表示は、その根拠となる合理性を欠き、客観的に虚偽の事実というべきで、商品の品質について誤認させるおそれがあり、不正競争防止法2条1項13号に該当すると判示されたキシリトールガム事件（知財高判平成18年10月18日（平成17年(ネ)10059

また、原産地の誤認惹起行為に関するものとして、氷見うどん事件（富山地高岡支判平成18年11月10日判時1955号137頁（平成18年(ワ)119号）、名古屋高金沢支判平成19年10月24日（平成18年(ネ)243号）では、氷見市以外の算出の原材料を使用し、富山県氷見市以外で製造されたうどんを「氷見うどん」と表示して販売する行為について、不正競争防止法2条1項13号に規定する原産地の誤認惹起行為に当たると判示された。他にも、「京の柿茶」もしくは「KYO NO KAKICHA」との表記が、原産地、品質を誤認させるような表示であるとされた事件（東京地判平成6年11月30日判時1521号139頁（平成3年(ワ)10542号））がある。

 次に、特許権に関する表示についての事件として、違法な虚偽表示であることを認識しながら、製品自体に特許表示と紛らわしい「PAT」の文字を書き込むなどの行為は、旧不正競争防止法1条1項5号に該当するとしたアースベルト事件（仙台高判平成4年2月12日判タ793号239頁（昭和63年(ネ)347号）、なお、特許法188条、198条（虚偽表示罪）にも該当すると判決している）、かつて米国及びドイツで特許を受けていたものであるが既に失効しているにもかかわらず、「国際的な特許で保護されている」「特許を取得している専用のワイヤーである」と記載した行為は、商品の「品質」を誤認させるような表示をした不正競争行為に該当するとした巻き爪矯正具事件（大阪地判平成24年11月8日裁判所ウェブサイト（平成23年(ワ)5742号））がある。また、電気用品について経済産業省令で定める技術上の基準に適合していることを証明するPSE表示について、所定の検査を受けていないにもかかわらず、電子ブレーカにPSE表示を付す行為は不正競争防止法2条1項13号の規定する「品質」についての表示であると判示した電子ブレーカ事件（知財高判平成25年3月28日裁判所ウェブサイト（平成24年(ネ)10096号）、ただし、判決では、PSE表示が付されたことで、需要を喚起したとは認められないとして、損害が生じたことは認められないと、損害賠償請求は否定された）もある。これらは、特許権や技術上の規格について事実を反映していない表示は、「商品の品質」に関する誤認行為であると判示した事例である。

 一方で、著作権に関する表示については、ピーターラビット著作権表示事

件（大阪地判平成19年1月30日判時1984号86頁（平成17年(ワ)12138号）、なお、控訴審（大阪高判平成19年10月2日判タ1258号310頁（平成19年(ネ)713号・1369号））は、一審原告は、個々の具体的表示例を特定して主張、立証していないと批判した上で、誤認惹起行為に該当するとは認められないとした）では、ⓒ表示ともに著作権者名を表記したものについて、消費者等の需要者は、その絵柄が著作権の保護を受ける著作物であるか否かによってこれを購入するか否かを決定しているものではなく、「商品の内容」に関する誤認惹起表示ではないとした。

　商品化に関して許諾する役務については、上記ピーターラビット著作権表示事件でも、ⓒ表示ともに著作権者名を表記したものについて、役務である商品化許諾業務の質・内容について誤認を生じさせるものであるとした（ただし、原告は、被告と競争関係に立つ商品化許諾業務を営む事業者ではなく、商品化許諾業務という役務の質・内容を誤認させる表示により、需要者すなわち被告商品化許諾業務における日本のライセンシーを奪われるという関係に立たないとして、原告はその不正競争行為により営業上の利益を侵害されるおそれがあるとはいえないから、不正競争防止法に基づき、差止請求や損害賠償請求を求めることはできないとした。この点、控訴審判決も同旨）。さらに、使用許諾権を取得していないにもかかわらず、マイケル・ジャクソンの氏名及び肖像についての独占的権利ないし使用許諾権を取得したとする旨の表示が、マイケルの氏名及び肖像を使用した商品化の許諾という役務の質又は内容について誤認させるような表示となっているとしたマイケル・ジャクソン商品化許諾表示事件（東京地判平成23年10月11日裁判所ウェブサイト（平成21年(ワ)45807号））もある。不正競争防止法の誤認惹起行為であるとして争われたものではないが、特許について、特許権に関する実施許諾権限がないにもかかわらず、本件特許権の使用承認証を作成して、第三者に対し、これらの特許権の実施を許諾するなどしたことにより損害を被ったとして、原告が被告に対し損害賠償を求めた事案で、被告による使用承認証に基づく表示について「本件特許等表示は，本件化粧品が本件各特許権の実施品でないにもかかわらず，実施品であると誤認させる表示であるということができるとした毛乳頭細胞増殖促進作用を有するペプチド事件（東京地判平成14年12月27日裁判所ウェブサイト（平成13年(ワ)20971号））がある。

商品化のための許諾役務についての著作権に関する表示、更に氏名や肖像に関する表示は、役務の質、内容についての表示である旨、明確になっている。

## 4.2.3　間接的に品質、内容等を誤認させる表示

　上記4.2.2で引用した事案は、商品や役務の内容や品質について直接誤認を招くおそれのある表示であるが、必ずしも直接的な表示ではなくとも、誤認惹起行為に該当するとする裁判例がある。

　ゴールドグリッター事件（大阪地判平成23年12月15日（平成19年(ワ)11489号・15110号、平成22年(ワ)7740号））では、「三栄書房カーグッズマガジン誌主催読者が選ぶ」「2001 Car Goods of the year」「カーケア部門賞」等の表記が、カーケア専門誌の読者の支持を得ている商品であるという事実を認識するとともに、カーワックスという商品の性質上、その選定理由は、商品が高品質なものであると考えられると理解されると指摘し、商品の品質についての表示であると認めた。そして、それらの表記を付した商品の販売等の行為は、不正競争防止法2条1項13号に該当すると判示した。これは、13号における誤認させる表示とは、「同号に列挙された事実を直接誤認させる表示をしていなくても、間接的に品質、内容等を誤認させるような表示であれば、誤認惹起行為に該当しうる」(注6)ことを、示したものと言える。

　一方で、香りのタイプ事件（東京高判昭和56年2月25日無体裁集13巻1号134頁（昭和55年(ネ)280号）、東京地判昭和55年1月28日無体裁集12巻1号1頁（昭和53年(ワ)10316号））では、被告商品が世界的に著名な様々な香水と「香りのタイプ」が同じであると広告する行為は、香りのタイプの点で同じであるとの趣旨の表現であり、両者の香りそのものが同一であるとまで断じているわけではないとして、商品の内容に関する誤認を惹起するものではないと判示し、当時の不正競争防止法1条1項5号には該当しないとした例もある。また、「ヤマダさんより安くしています」等の表示が、誤認惹起行為に該当するか争われたコジマ店頭表示事件（前橋地判平成16年5月7日判時1904号139頁（平成14年(ワ)565号））では、商品の価格も商品の属性であるとの原告の主張に対し、当該表示は、同一の商品について被告の販売価格を原告のそれよりも安くするという内容の表示であって、それに

よって、一般消費者がその商品の内容について異なった印象を抱くことはあり得ないとして、誤認惹起行為に該当しないとした。さらに、不正競争防止法2条1項13号は価格について明文で規制していないが、拡張解釈又は類推解釈すべきであるとの原告主張に対し、平成5年の制定過程を確認し価格の誤認惹起行為を不正競争行為と規制することは見送られた経緯を指摘するなどし、安易な拡張解釈ないし類推解釈は許されないと判示し、控訴審判決(東京高判平成16年10月19日判時1904号128頁(平成16年(ネ)3324号))もこれを支持している。

## 4.2.4 アンブッシュ・マーケティング規制法の基礎になり得るか

以上を踏まえて、不正競争防止法2条1項13号(誤認惹起行為)が、アンブッシュ・マーケティング規制法の基礎になり得るか検討する。

葬儀業積立金事件控訴審判決(大阪高判平成12年12月1日(平成11年(ネ)1014号))は、不正競争防止法2条1項13項の趣旨として、「不正競争防止法2条1項12号(筆者注:現13号)は、正当な努力によらずして、自己の不利条件の減少・有利条件の増大を図り、不当に競業上の有利な地位を獲得しようとする行為を規制することを目的としており、独占禁止法19条、2条9号及び一般指定8項も同趣旨に基づく規定であることからすると、右の各規定が規制対象としているのは、未だに取引するか否か決まっていない段階における誘引となるべき行為というべきである」(原審である大阪地判平成11年2月4日(平成8年(ワ)11158号)も同旨を説示している)という。

実際の規定は、不正競争防止法2条1項13号は、現行不正競争防止法制定の際の解説書によると(注7)、旧法1条3号の虚偽の原産地誤認惹起行為、同4号の算出、製造、加工地誤認惹起行為、同5号の商品の品質、内容等の誤認惹起行為に加えて、役務の質、内容等の誤認惹起行為を規制対象としたものである。「ドイツ法では、およそ商品やサービスを提供している営業上の事情について少しでも欺瞞的な表示をすることはすべて『アンフェア』とされ」(注8)るのに対して、我が国の不正競争防止法は一般条項がなく、不正競争行為は限定列挙されていること、条文に列挙された事実に関する誤認を惹起させるような表記でなければならないことから、規制対象は限定的で

ある。

　旧法1条1項5号の商品の「内容」とは、「商品が販売、拡布、輸出される際の要素となる商品の属性一切を含む広い概念と解することができます」(注9)との見解も存在し、現行法2条1項13号の「内容」についても「内容とは、その商品又は役務の実質や属性をいう」(注10)としている。他社の売れ筋商品又は役務に便乗して自己の商品又は役務の内容、品質について優良誤認を惹起せしめる寄生的広告行為は、同号に該当する可能性があるとするが(注11)、一方で「同号はあらゆる表示の誤認惹起を規制するものではなく、同号の誤認惹起表示に該当するためには、同号に列挙された事実に関する誤認を惹起させるような表示でなければならない」(注12)とする。これらの意味するところは、13号における誤認させる表示とは「同号に列挙された事実を直接誤認させる表示をしていなくても、間接的に品質、内容等を誤認させるような表示であれば、誤認惹起行為に該当しうる」(注13)にとどまるものと思われる。条文の文言を離れて、その表示を信じた需要者の需要を不当に喚起するような表示であれば、商品の内容、品質についての標記に該当すると理解することはできないということである。

　また、パリ条約10条の2は、(2)項に一般条項があり、例示としての(3)項がある規定であるにもかかわらず、(3)項3号が新設されることを鑑みて(1958年リスボン会議（第七回改正会議）では、(3)項3号の規定が追加された)、旧不正競争防止法1条1項5号が追加された（昭和25年改正）当時から条文が大きく変更されていないことから考えると、現行不正競争防止法2条1項13号の文言を広く解釈することは難しいように思われる。

　すなわち、イベントと関連があるかのような表示（イベントに関する標章と同一・類似のマークを使用し、又はイベントに関する標章と同一・類似のマークを使うことなく、イベント等と関係があるかのように誤認を招く表示）が、同号の「内容」について誤認を惹起させる表示に直ちに該当するとは思えない。

## 4.3 景品表示法

次に表示という点から、景品表示法について確認する。

### 4.3.1 景品表示法の概要

景品表示法は、前述した昭和35年の牛肉缶詰事件に対して、行政（公正取引委員会）が対応することへの期待もあり(注14)、昭和36年2月に「畜肉・鯨肉等のかん詰業における特定の不公正な取引方法」として独占禁止法2条7項に基づく特殊指定（公正取引委員会告示1号、昭和36年3月1日より適用。その後昭和36年12月に「食品かん詰または食品びん詰業における特定の不公正な取引方法」（公正取引委員会告示12号）を告示し、昭和37年2月1日より適用開始した）がされたことに端を発する。その後、昭和37年5月、景品表示法（昭和37年法律134号）が制定された。

平成15年5月改正により、合理的な根拠なく著しい優良性を示す不当表示の効果的な規制方法として、4条2項が新設され、同年11月23日に施行された。平成20年改正で、適格消費者団体による差止請求権制度が導入され、平成21年4月1日から施行されている。さらに、平成21年6月消費者庁設置に伴い、景品表示法の管轄官庁が、公正取引委員会から消費者庁に変更されるとともに、1条中の「私的独占の禁止及び公正取引の確保に関する法律（昭和22年法律54号）の特例を定めることにより、公正な競争を確保し、もって」を削除し、「一般消費者による自主的かつ合理的な選択を阻害するおそれのある行為の制限及び禁止について定めることにより」が挿入された。

### 4.3.2 景品表示法制定の経緯

景品表示法の制定が必要とされた理由として、昭和37年制定時、以下のとおり説明されていた。やや長いが、独占禁止法による規制ではなく、新たに景品表示法が制定された理由を説明していた記述をそのまま引用する。
「① 不当顧客誘引行為は、一般に、次のような性質を持つと考えられる

ⅰ）　同時多発的に、しかも繰り返し行われる過程で、悪性が次第に亢進する傾向が強い。
　　　ⅱ）　比較的短期間で終了しても、顧客誘引効果が相当に大きい。
　　　ⅲ）　違反事実の存否、内容等が明白である。
　　　ⅳ）　一般消費者に対する影響が直接的である。
② これに対して、他の不公正な取引方法は、散発的、潜行的に、比較的長期に行われる傾向が強く、事実関係も錯綜しており、さらに通常はその行為が終了した後においてもその結果を排除することが可能である。
③ 独占禁止法の手続は、②のような性質の不公正な取引を念頭において規定されているので、①のような性質の不当顧客誘引の規制には迅速性を欠くことや、多数行われている違反行為中の一部のみの規制にとどまる等の欠陥を有する。この点を改めるために迅速な手続を可能にする特別立法が必要である。
④ 違反行為の類型を明確化し、具体的にしなければ、迅速な手続を取ることが不可能であり、不公正な取引方法の規定は抽象的に過ぎる。これを具体化する特別立法が必要になる。
⑤ 不当な顧客誘引行為は、消費者のみならず他の事業者にも被害を与え、多くの事業者は誰かがこのような行為を行うときに、防衛的に対抗的に自らもこのような行為を行うことが多い。行為者全般について、他の事業者が一斉にこの種の行為を止めるなら、みずからも止めようという気持ちが強い。このような業界の自粛の動きを助長、支援することがこの種の行為の規制には有効であり、規制方法としても望ましい。これを設けるために、特別立法が必要となる。」(注15)

　独占禁止法における手続では、時間を要しかつ一部に対してのみ規制することになることが想定されるタイプの行為に対して、迅速に対処することが必要であること、そして迅速な手続を取るためには、違反行為の類型は明確、具体的に定めたものが、景品表示法ということになる。

　本稿のテーマと関係する表示の規制内容は、以下の4条1項である。
「第4条　事業者は、自己の供給する商品又は役務の取引について、次の各号のいずれか該当する表示をしてはならない。
一　商品又は役務の品質、規格その他の内容について、一般消費者に対し、

実際のものよりも著しく優良であると示し、又は事実に相違して当該事業者と同種若しくは類似の商品若しくは役務を供給している他の事業者に係るものよりも著しく優良であると示す表示であって、不当に顧客を誘引し、一般消費者による自主的かつ合理的な選択を阻害するおそれがあると認められるもの
二　商品又は役務の価格その他の取引条件について、実際のもの又は当該事業者と同種若しくは類似の商品若しくは役務を供給している他の事業者に係るものよりも取引の相手方に著しく有利であると一般消費者に誤認される表示であって、不当に顧客を誘引し、一般消費者による自主的かつ合理的な選択を阻害するおそれがあると認められるもの
三　前二号に掲げるもののほか、商品又は役務の取引に関する事項について一般消費者に誤認されるおそれがある表示であって、不当に顧客を誘引し、一般消費者による自主的かつ合理的な選択を阻害するおそれがあると認めて内閣総理大臣が指定するものことにより、不当に顧客を誘引し、公正な競争を阻害するおそれがあると認められる表示」

　景品表示法の規制方法としては、以前は公正取引委員会、現在は消費者庁による行政的な措置が主たるものである（6条）。景品表示法上、私人による差止請求・損害賠償請求権はないが、適格消費者団体による差止請求権は認められている（10条）。ただし、競争事業者は、景品表示法違反について、後述の独占禁止法不正な取引方法一般指定8項（ぎまん的顧客誘引）又は9項（不当な利益による顧客誘引）に該当する場合は、独占禁止法24条に基づき私人による差止請求も可能である(注16)。

### 4.3.3　アンブッシュ・マーケティング規制法の基礎になり得るか

　景品表示法4条1項が、アンブッシュ・マーケティング規制法の基礎になり得るか検討する。参考になりそうな審決・判決は見当たらないため、制定趣旨及び条文に基づいて検討する。
　まず、景品表示法そのものは、一般消費者保護を意図したものである一方で、競合業者を含む事業者も消費者も、景品表示法に基づいて差止請求等の措置を取ることはできず、適格消費者団体による差止請求のみが認められて

いる。

　制定理由として「違反行為の類型を明確化し、具体的にしなければ、迅速な手続を取ることが不可能」として制定された景品表示法において、行政的な措置や適格消費者団体による差止請求権の行使にあたり、イベントと関連があるかのような表示（イベントに関する標章と同一・類似のマークを使用し、又はイベントに関する標章と同一・類似のマークを使うことなく、イベント等と関係があるかのように誤認を招く表示）は、1号の「商品又は役務の品質、規格その他の内容」という場合の「内容」に含まれるのか否定的に考えざるを得ない。また、2号の「商品又は役務の価格その他の取引条件」や3号の「商品又は役務の取引に関する事項」には明らかに該当しないと思われる。

　さらには、4条1項1号及び2号は、当該事業者と同種もしくは類似の商品もしくは役務を供給している他の事業者に係るものより著しく優良又は有利であるとの表示であることが要件であるが、イベントと関連があるかのような表示は、購買に対して誘引するものと考えられるが、優良又は有利であると示す表示とは考えにくい。

## 4.4 独占禁止法

　独占禁止法に基づく不公正な取引方法について、確認する。

### 4.4.1 独占禁止法に基づく不公正な取引方法

　不公正な取引方法とは、独占禁止法の2条9項1号乃至5号に列挙されている①共同の取引拒絶、②差別対価、③不当廉売、④再販売価格維持、⑤優越的地位の濫用、及び同項6号にて公正な競争を阻害するおそれがあるものとして公正取引委員会が指定するものである。この規定ぶりは、昭和28年改正により現行の規定ぶりになっている。

　そして、公正取引委員会の指定する行為とは、2条9項6号に列挙されている行為（①不当な差別的取扱い、②不当対価、③不当顧客誘引・取引強制、

④事業活動の不当拘束、⑤取引上の地位の不当利用、⑥競争者の対する不当な取引妨害・競争会社に対する不当な内部干渉）であって、公正な競争を阻害するおそれがあるものとして公正取引委員会が指定するものである。

　本稿に関連する不公正な取引方法としては、昭和28年に指定された「六正常な商慣習に照して不当な利益または不利益をもって、直接または間接に、競争者の顧客を自己と取引するように誘引し、または強制すること」（昭和28年公正取引委員会告示11号（昭和28年9月1日）、当時2条7項に基づく指定）であり、昭和57年に、次のとおり改正された。

「8　自己の供給する商品又は役務の内容又は取引条件その他これらの取引に関する事項について、実際のもの又は競争者に係るものよりも著しく優良又は有利であると顧客に誤認させることにより、競争者の顧客を自己と取引するように不当に誘引すること

　9　正常な商慣習に照らして不当な利益をもって、競争者の顧客を自己と取引するように誘引すること」（昭和57年公正取引委員会告示15号（昭和57年6月18日、平成21年公正取引委員会告示18号改正（平成21年10月28日）））

　昭和57年の指定改正の際に、指定事項について、自由な競争の減殺（競争排除及び競争回避）、競争手段の不公正、及び自由競争基盤の確保の3つの視点が提示され(注17)、上記の指定8号（欺瞞的顧客誘引）及び9号（不当な利益による顧客誘引）は、競争手段の不公正に分類されている(注18)。

　指定9号（不当な利益による顧客誘引）は、昭和28年当時より不公正な取引方法として指定されていたが、指定8号（欺瞞的顧客誘引）は、昭和57年に不公正な取引方法として指定された。昭和57年に、欺瞞的顧客誘引が指定された理由は、顧客が良質廉価な商品を自由に選択することを妨げるおそれのある行為は、競争手段として不公正であり、不公正な取引として規制の対象とされると説明されている(注19)。取引に関する事項について顧客に誤認させて顧客に取引させる行為は、顧客の適正かつ自由な選択を歪め、また正しい表示等を行っている競争者の顧客を奪うおそれがあるので、それ自体能率競争（価格・品質・サービスを中心とした競争）に反する行為であると考えられることによる(注20)。

　欺瞞的顧客誘引又は不当な利益による顧客誘引を理由とする公正取引委員

会の審決や審決取消訴訟は、筆者が調査した限りでは、確認できていない。

平成12年改正により、独占禁止法24条に基づき私人による差止請求が可能となった（平成12年法律76号、平成13年4月1日施行）。

24条は、「第8条第5号又は19条の規定に違反する行為によってその利益を侵害され、又は侵害されるおそれがある者は、これにより著しい損害を生じ、又は生ずるおそれがあるときは、その利益を侵害する事業者若しくは事業者団体又は侵害するおそれがある事業者若しくは事業者団体に対し、その侵害の停止又は予防を請求することができる」と定めており、19条違反（不公正な取引方法の禁止）も対象であることから、指定8号（欺瞞的顧客誘引）や指定9号（不当な利益による顧客誘引）の違反も、私人による差止請求の対象である。

実際に訴訟で争われた例としては、書籍の表紙他に「平凡な大学生のボクがネット株で3億円稼いだ秘術教えます」等の記載が、不正競争防止法2条1項13号に該当するかとともに、当該記載を付した書籍の出版が欺瞞的顧客誘引に該当するか争われた事件がある（知財高判平成26年5月29日裁判所ウェブサイト（平成26年(ネ)10006号））。

なお、本来差止請求にあたり、「損害は要件にならない。民法上、差止請求権の発生に必要とされるものは違法な『侵害』のみである。『損害』は、あくまで不法行為損害賠償請求権の要件に過ぎない」(注21)にもかかわらず、24条で著しい損害又はそのおそれが差止請求容認の要件になっているが、「『差止請求権を基礎付けうるほどの侵害の違法性』と読み替えることが妥当」(注22)と考えられている。この見解は、関西国際空港新聞販売取引拒絶事件（大阪高判平成17年7月5日裁判所ウェブサイト（平成16年(ネ)2179号））、ゆうパック事件（東京高判平成19年11月28日判時2034号34頁・公正取引委員会審決集54巻699頁（平成18年(ネ)1078号））でも、採用されている。

また、独占禁止法24条に基づき差止請求が認容された事件としては、はじめて認容されたドライアイス仮処分事件（東京地決平成23年3月30日（平成22年(ヨ)20125号））、本案訴訟ではじめて認容されたバスの区間無料運行事件（宇都宮地太田原支判平成23年11月8日公正取引委員会審決集58巻第二分冊248頁（平成23年(ワ)88号）。なお、バスの区間無料運行事件控訴審（東京高判平成24年4月17日公正取引委員会審決集59巻第二分冊107頁（平成

23年(ネ)8418号))は、24条にいう利益侵害及び著しい損害が発生し、又は発生の蓋然性があるといえる状況にないとして、原審を取り消した)がある。

### 4.4.2 アンブッシュ・マーケティング規制法の基礎になり得るか

　独占禁止法の不公正な取引方法指定8号（欺瞞的顧客誘引）及び指定9号（不当な利益による顧客誘引）が、アンブッシュ・マーケティング規制法の基礎になり得るか検討する。

　欺瞞的顧客誘引や不当な利益による顧客誘引に該当すると構成できる場合は、19条、24条に基づき私人による差止請求の対象となる。

　景品表示法が独占禁止法の特別法であった際の理解としては（景品表示法の平成21年改正前）、専ら景品表示法が一般消費者向けの行為については適用対象となっていたが、景品表示法が独占禁止法から独立した法になったことから、不公正な取引方法の欺瞞的顧客誘引や不当な利益による顧客誘引は、一般消費者に向けての行為についても、不公正な取引方法と捉えることが可能であると考えられる。

　しかしながら、指定8項（欺瞞的顧客誘引）に該当するには、イベントと関連があるかのような表示（イベントに関する標章と同一・類似のマークを使用し、又はイベントに関する標章と同一・類似のマークを使うことなく、イベント等と関係があるかのように誤認を招く表示）が、まず、欺瞞的顧客誘引の「商品又は役務の内容又は取引条件その他これらの取引に関する事項」のいずれかにあてはまらなければならない。「商品又は役務の内容」に含まれるのか否定的に考えざるを得ない。また、「取引条件」や「取引に関する事項」には明らかに該当しないと思われる。

　また、「実際のもの又は競争者に係るものよりも著しく優良又は有利であると」と顧客に誤認させることが要件であるが、不公正な取引方法（公正取引委員会告示15号）が、価格・品質・サービスを中心とした能率競争を前提に考えられたものであり(注23)、イベントと関連があることが、実際のもの又は競争者に係るものよりも著しく優良又は有利と考えられる場面は、非常に限定的なものと思われる。そうとすると、指定9号（不当な利益による顧客誘引）にいう「不当な利益」に、イベントと関連があるかのような表示

が該当すると考えることも、困難といわざると得ない。

　私人による差止請求の規定が整備されたが、独占禁止法にて規制している行為の対象は見直しされてはおらず、アンブッシュ・マーケティング規制法の基礎となるとは考えにくい。

## 4.5　小括

　我が国でアンブッシュ・マーケティング規制法制定の上で、基礎となる法が存在するのか、2.1.2で挙げた下記のアンブッシュ・マーケティングの主たる活動タイプに基づき、この章での検討をまとめる。

　A.　イベントのスポンサーである旨の虚偽の表示をする。
　B.　イベント関連の標章（イベント及びその関連行事で使用される標章）と同一・類似のマークを使用する。
　C.　イベント関連の標章と同一・類似のマークは使用しないが、イベントと関連があるかのような表示をする。このタイプの中には、さらにいくつかに分けられる。
　D.　イベント関連の標章と同一・類似のマークは使用しないが、イベント開催会場・競技場やその付近で、広告物の掲出や販売活動を行う。

　まず、Dのタイプの活動について、直接的に規制する法令は存在しないように思われる。考えられるのは、通行の安全やテロ防止のための規制として、競技場の付近や上空について、一定の活動の制限をすることである。実際に、2002年に我が国でFIFAワールドカップを開催した際に、テロ防止の観点から、航空法に基づく措置として、試合開始2時間前から試合終了後1時間の時間、競技場上空約750メートル、半径3キロの範囲において飛行を禁止し、レーダーで監視した事例があった（日本経済新聞2002年4月5日朝刊記事）。刑事罰も定められており、このときは刑事的な対応がされたようである。

　次に、A及びBのタイプの活動において、イベント関連の標章と同一・類似のマークを使用する場合には、商標法又は不正競争防止法2条1項1号及

び2号に基づき、使用されているマークについて出所表示機能を果たす態様であると認められた場合には、同法に基づき保護が得られる。そして、出所表示を果たす態様の認定においては、前述の図書券事件（東京地判平成14年1月24日判時1814号145頁・判タ1120号282号（平成13年(ワ)11044号））、Balcony & Bed 事件（東京地判平成24年7月31日裁判所ウェブサイト（平成23年(ワ)29563号））、タイアップ広告表示事件（大阪地判平成20年2月7日裁判所ウェブサイト（平成19年(ワ)3024号））のように、店舗内での掲出表示した場合、商品上にデザインのように表示した場合、雑誌広告上に使用した場合など、柔軟に認めることができると考えられる。また、出所についての表示であるかどうかについても、JIL事件（知財高判平成23年3月17日判時2117号104頁・判タ1377号204頁（平成22年（行ケ）10359号））、データ消去ソフト認定マーク事件（東京地判平成25年11月26日裁判所ウェブサイト（平成23年(ワ)30933号））のように、商品や役務の製造・販売者や提供者の名称等の表示が別に存在していた場合でも、イベント関連の標章と同一・類似のマークについて出所としての表示であると、やはり柔軟に認定することは可能である。ただし、出所表示を果たす態様の使用ではない場合は、保護は得られない。

　Cのタイプの活動において、イベント関連の標章と同一・類似のマークを使用することなく、イベントと関連があるかのような表示については、直接的に商品の内容や品質、役務の内容や質についての表示であると考えられる場面であれば、あるいは、間接的であっても、イベントと関連があるかどうかということについて、商品や役務の内容すなわち属性であるといえる種類の商品、役務であれば、あるいは、前述のゴールドグリッター事件のように、イベントと関連があるとの表示により、商品の品質、役務の質が高いものであると需要者が理解するような種類の商品、役務の場合に限り、不正競争防止法2条1項13号の規定に基づいての保護が得られる。独占禁止法による保護、景品表示法による保護は、この不正競争防止法による保護よりもさらに限定された場面にしか該当しない。

　ここまでの分析は、寄生広告について「このような広告が一般的に不当であるとの合意は存在しないと思われ」(注24)るとの評価とも意見を同じくするものである。

## 4 我が国における「アンブッシュ・マーケティング規制法」制定の可能性

　こうしてみると、我が国において、個別のイベントのためのアンブッシュ・マーケティング規制法を制定する基礎となる素地は十分に存在していないと考えざるを得ない。

　すなわち、不正競争防止法は規制事項が限定的に列挙されたものとなっていて、パリ条約10条の2(2)が規定するような工業上又は商業上の公正な慣習に反するすべての競争行為は不正競争行為を構成するといった趣旨の規定が存在しないことによる。不正競争防止法の制定（昭和9年）、誤認惹起行為を不正競争と規定した改正（昭和25年改正）も、パリ条約に対応するために制定、改正されたものであり、不正競争防止法の25年改正は「日本における商標、商号及び商品のマークに関する件」との連合国最高指令官覚書に基づいたものであったことなど(注25)、どういう行為が不正競争行為であるのか、不公正な行為であるのかについて、十分に検討する余裕がないままに、条約加盟や戦後の米国からの要請に対応するために最低限の規制行為を規定してきた経緯によると思われる(注26)。

　独占禁止法（昭和22年制定）は、「1945年10月11日に当時の幣原首相がマッカーサーを訪問した際に、マッカーサーが口頭で日本政治改革の要請を5つ伝えたことが端緒となった」「戦後民主主義計画の契機として米国側（GHQ）による強い後押しにより原始独禁法は制定された」(注27)とされており、景品表示法も、牛肉缶詰事件に対応できなかったことから制定されたものであることから、不正競争防止法と同様の傾向があるように考えられる。

　以上の分析から、我が国において、個別のイベントのためのアンブッシュ・マーケティング規制法を制定する基礎となる素地は十分に存在していないと考えざるを得ない一方で、3.1.1にて述べたとおり、2020年東京オリンピック開催に向けて東京が開催都市として立候補するなかで、IOCからの要請に対応し政府保証も提出しており、開催都市契約に基づき、政府保証その他の確実な実行を求められる状態に到っている。

　そこで、次章で我が国における現実的なアンブッシュ・マーケティング規制法の制定について検討する。

(注1) 例えば、中村仁・土生真之「スポーツイベントの商標保護―アンブッシュ・マーケティングを中心として―」パテント67巻5号（2014）25頁。

(注2) 出所の意味する内容について、判例、学説を分析し検討したものとして、拙稿「知財視点のブランド・マネジメント―商標法・不正競争防止法で保護されるための『出所』表示―」田中洋編『ブランド戦略全書』（有斐閣・2014年11月）183-205頁。また、出所について確定した理解はないと率直に述べているものとして、蘆立順美「商標が付された商品の流通と商標機能論　商品の詰替・改変の事例を中心として」関俊彦先生古稀記念『変革期の企業法』（商事法務・2011）627頁。

(注3) 拙稿「アンブッシュ・マーケティングの法的問題」ビジネスロー・ジャーナル76号（2014）80頁。

(注4) この点については、拙稿・前掲（注2）にて論じている。

(注5) 拙稿・前掲（注3）80頁は、イベントの標章と同一・類似のものを使用していないアンブッシュ・マーケティングに対して、民法709条の適用の可能性について指摘している。

(注6) 経済産業省知的財産政策室編著『逐条解説　不正競争防止法（平成23・24年改正版）』（有斐閣・2012）100頁。

(注7) 通商産業省知的財産政策室監修『逐条解説不正競争防止法』（有斐閣・1994）56頁。

(注8) 江口順一『不正競業法の比較研究　―法システムの現代化―』（国際商事仲裁協会・1989）44頁におけるドイツ旧不正競争防止法（UWG）3条についての記述。

(注9) 青柳聆子「商品の品質・内容・数量等の誤認的表示」田倉整・元木伸編『実務相談　不正競争防止法』（商事法務・1989）198頁。

(注10) 山本庸幸『要説不正競争防止法（第4版）』（発明協会・2006）210頁。

(注11) 経済産業省知的財産政策室・前掲（注6）100-101頁。

(注12) 経済産業省知的財産政策室・前掲（注6）100頁。

(注13) 経済産業省知的財産政策室・前掲（注6）100頁。

(注14) 来生新「独占禁止法体系の整備と消費者保護法としての独占禁止法の確立」正田彬先生古稀祝賀『独占禁止法と競争政策の理論と展開』（三省堂・

1999）31 頁。

(注15) 来生・前掲（注14）31-32 頁、利部脩二「不当景品類及び不当表示防止法について」公正取引142号（1962）39頁も同趣旨を述べる。

(注16) 村上正博・山田建男『独占禁止法と差止・損害賠償 第2版』（商事法務・2005）30頁。

(注17) 平林英勝「不公正な取引方法規制の歴史・意義・課題」日本経済法学会年報30号（通巻52号）(2009) 69頁。

(注18) 独占禁止法研究会「不公正な取引方法に関する基本的な考え方(1)」公正取引382号34-35頁。

(注19) 独占禁止法研究会「不公正な取引方法に関する基本的な考え方(2)」公正取引383号58頁。

(注20) 独占禁止法研究会・前掲（注19）58頁。

(注21) 根本尚徳「差止請求権理論と不法行為法―独禁法24条の解釈論に寄せて―」法律時報78巻8号62頁。

(注22) 根本・前掲（注21）63頁、白石忠志「独禁法における差止請求制度の導入」総合研究開発機構・高橋宏志編『差止請求権の基本構造』(商事法務研究会・2001) 97頁、白石忠志「独禁法の民事的なエンフォースメント」経済学会22巻（2001）52頁、最高裁判所事務総局行政局監修『独占禁止法関係訴訟執務資料』（法曹会・2001）4頁。

(注23) 独占禁止法研究会・前掲（注18）34頁。

(注24) 知的財産研究所『平成3年度知的財産政策に関する調査研究委託研究結果報告書 不正競争防止法に関する調査研究』(1992) 81頁（松本恒雄執筆）。

(注25) 後藤晴男『パリ条約講和〔TRIPS協定の解説を含む〕（第12版）』（発明協会・2002）425頁。

(注26) 江口・前掲（注8）56頁の「不正競争防止法、独占禁止法のいずれもそれぞれ昭和9年、22年にいわば『外圧』でもって成立した」「日本の不正競争防止法と独占禁止法とは断絶している。こんな先進国はない」との批判が、現在も当てはまるように思える。

(注27) 競争政策研究センター『原始独占禁止法の制定過程と現行法への示唆』(2006) 1-2頁。

# 5

我が国における
「アンブッシュ・マーケティング規制法」
制定の検討

## 5.1 2020年東京オリンピック

### 5.1.1 前提の確認

　イベント主催者であるIOCが、ビジネスモデルを確立し、守るために、各種アンブッシュ・マーケティングを防止できるよう法制度について敏感になるのは当然のことに思える。1984年以降オリンピック運営のために税金を投入しない体制になっており(注1)、そのために完全な商業化が進められているものである。オリンピック運営のためのビジネスモデルの一環としてのスポンサー制度であり、各国でのアンブッシュ・マーケティング活動の経験から、そのビジネスモデルについて法制度として必要な対処ができないのだとすると、現状のオリンピック運営に支障が生じることにもなる。

　そして、前述したとおり、東京オリンピック開催のために、IOCから開催候補都市に課された条件に対応して各種の書類を提出している。2016年東京開催のために立候補した際には、IOCへの提出資料で「新たな法を制定する必要はない」と表明していたのに対して(注2)、2020年オリンピック東京招致委員会によるIOCへの提出書類のなかで、オリンピック関係の標章についての保護について「現在において、新たな法を制定する予定はない」と述べる一方で、「2020年東京大会のより円滑かつ効率的な運営のために、必要があれば、日本政府は現行法を修正又は新たな特別法を制定するための法案を国会に提出する」旨、約束している(注3)。

　また、IOCへの提出書類には、3.1.1にて前述したとおり、アンブッシュ・マーケティング規制について政府保証も添付されている（オリンピックという民間イベントの開催のために政府保証まで提出することについての是非は、国内の政治の進め方として適切なのかという問題であり、対外的に保証したことについて履行が求められるのは当然のことと思われる）。

　IOCも、提出された資料を確認し「侵害行為に対して直ちに対応できるように、特別法が制定される必要がある可能性がある」「東京がこの義務を完全に果たすために、政府のすべてのレベルは、必要な対応することをコミットしている」と評価している(注4)。また、同評価レポートにおいて、招致

委員会が述べたこととして「アンブッシュ・マーケティングに対して、約2週間で差し止めることができる」「アンブッシュ・マーケティングについて、効果的で迅速性のある特別な手段を講じる必要があるかどうか法を更に研究する」旨の約束がされていることを明記している(注5)。

　前章までの分析から、個別のイベントについてアンブッシュ・マーケティング規制法が制定されている他国においては、競争法、パッシングオフの法理やパッシングオフの法理を取り込んだ法、不正な商業行為に対する規制などの基礎が存在している。その基礎に基づいて、明確化するかたちで個別のイベントのための法律が制定されていると考えることができる。それに対して、我が国は、例えば、後援・承認などを得ていないのに得たかのような印象を消費者・需要者に与える活動について、直接規制する法は存在せず、不正競争防止法や独占禁止法上の規制行為が限定的に列挙されている状態であり、アンブッシュ・マーケティング活動を規制する基礎となる法は明確にはない状態といわざるを得ない。そのようななか2020年東京オリンピック開催のために、対外的な合意をした状態といえよう。

## 5.1.2　立法の順序

　アンブッシュ・マーケティング活動を規制する基礎となる法は明確にはないなかでは、オリンピックなどの個別のイベント等のためのアンブッシュ・マーケティング規制法制定を検討するよりは、先に普遍的に適用される法令を制定することが適切である。その上で、よりスムーズな運営又は迅速な問題解決のために、必要に応じて、個別のイベント等（例えば、2020年東京オリンピック）のための法令を制定するといった順序であるべきであろう。

　十分な検討がされないままに東京オリンピックのためのアンブッシュ・マーケティング規制法の制定を進めた場合、ひとつのイベントのみを考慮した規制あるいは行き過ぎた規制になる可能性、また、オリンピック以外のイベントやイベント以外の周知・著名商標の顧客誘引力の利用行為については、自由に行ってかまわないといった誤解を生じさせる可能性等も危惧される。

　しかしながら、既に2020年東京オリンピック開催のために、アンブッシュ・マーケティングの規制に関して政府保証を提出しているなど対外的な約束を

既に行ったなか、普遍に適用される法の制定を行い、2020年東京オリンピックのためのアンブッシュ・マーケティング規制法に考えるという順序では、時間を要することが考えられる。そのため、結果として、いわば押し付けのかたちで、IOC が要求する内容をそのまま法文化せざるを得ないことも可能性としてはあり得る。

そこで、日本の法体系を考慮に入れた上で、普遍に適用される法を整備することを意識しつつ、2020年東京オリンピックのためのアンブッシュ・マーケティング規制法を検討する。その上で、普遍に適用される法を検討する。

## 5.2 2020年東京オリンピックのための規制法の必要性と許容性

2020年東京オリンピックのためのアンブッシュ・マーケティング規制法を検討するにあたり、その制定の必要性は政府保証提出の事実をはじめとして、確認できる。

次に、規制の許容性の観点から考える。個別のイベントについてアンブッシュ・マーケティング規制法が制定されている他国においては、3.2 で述べたとおり、競争法、パッシングオフの法理やパッシングオフの法理を取り込んだ法、不正な商業行為に対する規制などの基礎が存在している。

我が国において、アンブッシュ・マーケティング活動を規制する基礎となる法が存在しないなかであっても、アンブッシュ・マーケティング規制の立法化についてのコンセンサスはあり得るのかについて、検討する。

まず、イベントに関する標章と同一・類似のマークを使用した場合、当該標章に注目して、出所表示機能を果たす態様の使用とみなす法適用の可能性は、前述のとおり、使用態様の観点から、古くはフットボールチーム・シンボルマーク事件（最三小判昭和59年5月29日民集38巻7号920頁・判時1119号34頁・判タ530号97頁（昭和56年(オ)1166号））、図書券事件（東京地判平成14年1月24日判時1814号145頁・判タ1120号282号（平成13年(ワ)11044号））、Balcony & Bed 事件（東京地判平成24年7月31日裁判所ウェブサイト（平成23年(ワ)29563号））、タイアップ広告表示事件（大阪地判平成20年2月7日裁判所ウェブサイト（平成19年(ワ)3024号））、出

所についての観点から、JIL 事件（知財高判平成 23 年 3 月 17 日判時 2117 号 104 頁・判タ 1377 号 204 頁（平成 22 年（行ケ）10359 号））、データ消去ソフト認定マーク事件（東京地判平成 25 年 11 月 26 日裁判所ウェブサイト（平成 23 年（ワ）30933 号））などの裁判例をみても、別稿でも述べているとおり（注6）、柔軟に解釈することは許容されている。審決取消請求訴訟においても、使用態様の観点から、Tシャツ上にデザイン的に使用されたものについて、商標の使用であると認められたインディアンモーターサイクルティシャツ事件（東京高判平成 15 年 3 月 26 日裁判所ウェブサイト（平成 14 年（行ケ）500 号））、及び出所の観点から、製造者の商標が付された商品を再販売するにあたり、再販売業者の付した標章が商標の使用であると認められた忠臣蔵事件（知財高判平成 21 年 6 月 25 日判時 2051 号 128 頁・判タ 1309 号 267 頁（平成 20 年（行ケ）10482 号））がある。

また、不正競争防止法 2 条 1 項 13 号（誤認惹起行為）でも、表示の対象が商品や役務の内容など限定されているものの、ゴールドグリッター事件（大阪地判平成 23 年 12 月 15 日）が指摘するように、間接的に商品や役務の内容などについて誤認を惹起する表示をしたり、当該表示を付した商品・役務の販売や提供したりすることも規制対象となる。イベントに関する標章と同一・類似のマークを使用しない場合であっても、誤認を惹起する表示となる可能性はあり得る。

やや特殊な例ではあるが、日本赤十字社（昭和 27 年日本赤十字社法に基づいて設立された特殊法人）の許諾なく、赤十字標章などを使用することを禁止する「赤十字標章及び名称等の使用の制限に関する法律」（昭和 22 年法律 159 号、刑事罰により使用の制限（4 条）をするもので、民事的な対応（使用差止め、損害賠償請求）は予定されていない。また、第三者が、赤十字の標章及び名称等と同一又は類似の商標登録はできない（商標法 4 条 1 項 4 号））が存在している。この法は、赤十字標章は、広く世界的に認知されているために、その商業的効果を期待した営利目的その他の濫用が多発し、我が国においても条約で禁止されている濫用が多く見られたため、「標章若しくは名称又はこれらに類似する記章若しくは名称は、みだりにこれを用いてはならない」として定め（1 条）、商標・商品等表示としての使用の場合に限らず、広く無許諾の使用を禁止したものである。

さらに、北朝鮮映画著作権事件最高裁判決（最判平成23年12月8日民集65巻9号3275頁）が「同条各号所定の著作物に該当しない著作物の利用行為は、同法が規律の対象とする著作物の利用による利益とは異なる法的に保護された利益を侵害するなどの特段の事情がない限り、不法行為を構成するものではない」と判示した後の裁判例で、知的財産権法等の定める利益とは異なる、法的に保護された利益を侵害する場合などの特別な事情に該当する余地がある場合、民法709条の適用余地があることを示唆するものがある(注7)。すなわち、知的財産法で保護されない場合でも不法行為に該当する場合があることを示唆するもので、テレビ番組に使用されるデジタルフォントについて、著作権により保護されるものではないが、フォントを取引対象とする営業上の利益、あるい当該フォントの使用料を求める使用許諾契約上の地位について、これを法律上保護される利益と評価する余地はあるとしたTV番組フォント事件（大阪地判平成25年7月18日裁判所ウェブサイト（平成22年(ワ)12214号）。ただし、この事案では、販売開始から約6年ないし9年経過した後に、テレビ放送等での使用に制限を課し、別途使用料を求めるとしたことから、その利益の要保護性を格別高いものと見ることができないことなどの事情から、不法行為による保護は認めなかった）である。こうしてみると、アンブッシュ・マーケティング活動を規制する基礎となる法が存在しないが、知的財産権法等で規制されていなければ、全く規制なく自由に利用して構わないとまでは一般に理解されておらず、第三者が作り上げたものについて、当該第三者が守ることについて十分な努力をしている場合には、法律上保護される利益として保護される場合があると考えられる。

　これらからすると、要件を明確にすることで、新たな法が制定されても大きな問題は生じないように考える。

## 5.3　2020年東京オリンピックのための「アンブッシュ・マーケティング規制法」

　以下では、2020年東京オリンピックのためのアンブッシュ・マーケティング規制法の立法化を検討する上で、重要と思われる項目ごとに考えてみる。

　なお、以下の検討の参照のために、2.1.2で掲げたアンブッシュ・マーケティ

ングの主たる活動タイプを改めて示す。
- A. イベントのスポンサーである旨の虚偽の表示をする。
- B. イベント関連の標章（イベント及びその関連行事で使用される標章）と同一・類似のマークを使用する。
- C. イベント関連の標章と同一・類似のマークは使用しないが、イベントと関連があるかのような表示をする。（このタイプの中には、さらにいくつかに分けられる）
- D. イベント関連の標章と同一・類似のマークは使用しないが、イベント開催会場・競技場やその付近で、広告物の掲出や販売活動を行う。

### ▶(1) 権利との構成か行為規制か

英国でのロンドンオリンピックのための2つの法（Olympic Symbol etc. (Protection) Act 1995 及び London Olympic Games and Paralympic Games Act 2006）では、それぞれ Olympic Association Right、London Olympics Association Right という概念を制定し、取引上オリンピック関係の標章を使用する場合、ロンドンオリンピックと関連があると公衆に認識させるおそれのある表示をすることは、それぞれの権利（Right）侵害となるとする。また、英国でのグラスゴーコモンウェルスゲームのための法（Glasgow Commonwealth Games Act 2008）でも、同法に基づき定められた命令（Order）により、Glasgow Commonwealth Games Association right との概念が同様に制定された。

しかしながら、法律により特定の私人に権利を付与することは、平等原則の観点から適切でない。赤十字標章及び名称等の使用の制限に関する法律（昭和22年法律159号）でも、赤十字社の権利とはしていない。

同様に、特定の私人に対して特別な扱いによって、通常の法運用では与えられない権利をあたえることも適切ではない。例えば、運用においても、商標法において通常商標登録とならない標章を、オリンピックだけのために商標登録を認めるとの扱いも適切ではない（例えば、都市名と西暦年号の組み合わせた商標は、通常商標登録と認められないが、2020年東京オリンピック開催が決定した後、「TOKYO2020」の登録を特許庁は認めた）。ブラジルでのFIFAワールドカップのための法 General Law of World Cup(Law nr.

12,663)の10条が定めるような、FIFAがブラジル産業財産庁（INPI）に支払うべき費用が一切免除されるといった特別扱いについても（ブラジル産業財産庁（INPI）により登録されたFIFA保有の商標は、すべて著名商標として扱われる）、すべきでない。

オリンピックと関連があると公衆に認識させるおそれのある活動を規制するという行為規制とすべきであろう。

### ▶(2) 規制対象行為

我が国の不正競争防止法などで一般条項が存在しないなか、これまでの不正競争防止法の改正の状況をみても、個別イベントのために不正競争防止として一般条項を有する法を制定することは困難であると思われる。その点からも、想定されるアンブッシュ・マーケティング活動を規制するにあたり、要件を明確にしていくことが必要となる。

アンブッシュ・マーケティングとは、その定義から、そのイベントと結びつきを作ろうとする行為であり、各国においてはIOCやFIFAなどが定義した活動を規制してきている。この点から、行為規制の要件を考えると、規制する行為としては、単に商業的に使用する行為ということではなく、一般消費者・需要者が、IOC又はオリンピックから承認されている、後援されているか又は関係があるかのように誤認されるおそれのある表示や行為ということになろう。この要件を付すことで、IOCやオリンピックに言及するすべての活動が行えなくなる事態は避けられる。

A及びBのタイプのアンブッシュ・マーケティングに関連して、許諾なくオリンピックの標章と同一・類似のマークを商業目的に使用する行為を規制するにあたって、公正な使用について規制することがないよう、規制対象にならない場合を明らかにする必要がある。例えば、映像やポスター等を作成する場合にわずかに写りこむだけの場合、オリンピックについての報道・評論・批判、オリンピックを舞台にした小説・漫画等（ただし、本筋のストーリーに無関係に、オリンピック標章を使用することは、公正な使用とはならない）である。

オリンピックの標章と同一・類似のマークを使用しないCのタイプの活動に関しても、過剰な規制にならないように、上記の要件だけでなく、どのよ

うなマークを使用したら規制されるのかを明確にする必要がある。これを判断する上での要素として、いくつかの例を明示する必要がある。オリンピックに関して、オーストラリアのSydney 2000 Games (Indicia and Images) Protection Act 1996、カナダのOlympic and Paralympic Marks Act、英国のLondon Olympic Games and Paralypic Games Act 2006、コモンウェルスゲームに関して、オーストラリアのMelborne 2006 Commonwealth Games (indicia and images) Protection Act 2005、Commonwealth Games Attangements Act 2011 (Queensland)、ニュージーランドのMajor Events Management Act 2007のオリンピックやコモンウェルスゲームに関する部分では、どのようなマークを使用したら規制されるのかについて判断基準が明記されていることが参考になる。これらの法において、イベントで用いられる標章ではないが、当該イベントを想起させると合理的に考えられる標章又は標章の組み合わせが明確にされている。これらの法のように、規制対象となる表記についてできるだけ具体的に列記すべきであると考える。これにより、Cのタイプの活動の規制を、オリンピックに関する標章を使用したBのタイプの活動の規制にできるだけ近づけることにより、規制行為について予測可能性が高まる。

　Dのタイプの活動については、来場者の安全な通行やテロ等の防止（公共の安全）の観点又は美観の観点から、必要な範囲で別に規制されるべきで、アンブッシュ・マーケティングとしての規制は適切でないと考える。その理由は、イベントのテレビ放映のなかで、イベントスポンサーではない企業が通常のTV広告を放映するのと同じ状態だからである。民間団体によるイベントであることから、放映権に関するイベント主催者と放送局間の契約と同様（オリンピックの場合、IOCと放送事業者との間の放映権契約のなかで広告出稿について、スポンサーに優先的に交渉するように規定されている。スポンサーが広告枠を購入した後の枠については、スポンサー以外に広告出稿させることになる）、イベント主催者自らが有する権原、すなわち競技場などの敷地や施設に基づくイベント主催者の敷地や建物の占有管理権に基づいて、対処することが適切であるように思われる。

　また、オリンピックに関するロシアの法、NFLスーパーボウルに関する条例では、イベント主催者の許諾があれば規制対象外としているが、Dのタ

イプの活動について来場者の安全な通行やテロ等の防止（公共の安全）、美観の観点から規制することを考えると、IOC や組織委員会が許諾すれば例外として許されるとした扱いはすべきではない。公共的な目的及びその規制内容に合理性が認められるか否かが大きなポイントになる。特定の私人の許諾があった場合には、公共的な目的に基づく規制の例外として扱われることになると、憲法違反となる可能性がある。法制定のための公共的な目的は何か、その法が目的を直接推進するものであるのか、及びその規制内容に合理性が認められるか（必要な範囲を超えて規制していないか）が、憲法違反になるかどうかの大きなポイントになるものと考える。

### ▶(3) 差止請求権者・損害賠償請求権者

　オリンピックは私人によるイベントであることから、私人による請求行為により救済が図られるのが適切であると考える。一般消費者・需要者が、IOC 又はオリンピックから承認されている、後援されているか又は関係があるかのように誤認されるおそれのある表示や行為を規制するにあたり、差止請求・損害賠償請求により、救済を図るべきであると考える。具体的な請求権者は、2020 年東京オリンピックの主催・運営者である IOC 又は組織委員会とすべきである。IOC や組織委員会は、スポンサー、ライセンス商品販売に関与する者等にマークの使用を許諾するものであり、イベントの主催・運営者であることからも、営業上の利益を侵害され、又は侵害されるおそれがあるものということになる。日本オリンピック委員会（JOC）のみが、2020 年東京オリンピックに関して、運営に携わる事情があり、JOC のみが使用している標章があるということが想定できる場合には、JOC が請求権者になることも考えられよう。

　なお、カナダ Olympic and Paralympic Marks Act（5条）、オーストラリア Olympic Insignia Protection Act 1987（41条、44条）、Sydney 2000 Games (Indicia and Images) Protection Act 1996（43条、46条）は、使用許諾を受けた者にも請求権を認めるが、我が国において不正競争行為の規制との前提で考えると、そこまで請求権者の範囲を広げることは難しいと考える。ピーターラビット著作権表示事件（大阪地判平成19年1月30日判時1984号86頁（平成17年(ワ)12138号）。なお、控訴審（大阪高判平成19年

10月2日判タ1258号310頁（平成19年㈹713号・1369号））は、一審原告は、個々の具体的表示例を特定して主張、立証していないと批判した上で、誤認惹起行為に該当するとは認められないとした）で、商品化許諾役務に関する誤認惹起表示に関して、原告は、被告と競争関係に立つ商品化許諾業務を営む事業者ではなく、商品化許諾業務という役務の質・内容を誤認させる表示により、需要者すなわち被告商品化許諾業務における日本のライセンシーを奪われるという関係に立たないとして、原告はその不正競争行為により営業上の利益を侵害されるおそれがあるとはいえないとした裁判例からも、そのように考える。

　また、差止請求の要件として、独占禁止法に基づく差止請求の要件にあるような「著しい損害」との要件は付すべきではない。差止めが認められるか否かは、侵害があるか否かであり、損害の有無は無関係である。なお、独占禁止法に基づく差止請求の要件の「著しい損害」は、「『差止請求権を基礎付けうるほどの侵害の違法性』と読み替えることが妥当」(注8)と解釈されているが、そこまでの違法性も要求すべきではない。違法な侵害状態であれば、差止めは認められるべきである。

　なお、私人によるイベントであることから、私人による請求行為により救済が図られるのが適切であると考えるが、非常に多くの国民が被害を受けるような行為については、不正競争行為の規制に加えて、消費者保護の観点から、行政による規制を導入することを排除する理由はないと考える。平成25年10月24日付けで東京都のウェブページにて、「東京オリンピック」をセールストークにした投資や商品売買の勧誘について注意するよう呼びかけられている(注9)。ただし、この行政的な規制は例外的なものとなるべきであろう。この種のセールストークは投資や金融商品等の売買を勧誘する行為における消費者保護は、オリンピック等のイベントに限らず、有名企業などに関係があるかのように思わせることで警戒心を緩ませ、通常であれば行わない取引をさせるものであり、こうした手法について景品表示法にて行政的に規制するとともに、適格消費者団体が差止請求権を有するとすることは、必要に応じて考えるべきであろう。

### ▶(4) 刑事罰

　2020年東京オリンピックに対するアンブッシュ・マーケティング規制において刑事罰についてどのように考えるか。

　FIFAワールドカップに関する南アフリカの法やブラジルのGeneral Law of World Cup (Law nr.12,663)では刑事罰による実効性を確保しているように思える。また、赤十字標章及び名称等の使用の制限に関する法律には、差止請求権の定めはなく、行政的な措置も予定されてはいないが、刑事罰を規定している（民事的な解決策として損害賠償請求は、民法に基づいて可能である）。

　赤十字標章及び名称等の使用の制限に関する法律（昭和22年法律159号）は、刑事罰（4条）にて担保する方法がとられているが、赤十字標章は、広く世界的に認知されているために、その商業的効果を期待した営利目的その他の濫用が多発し、我が国においても条約で禁止されている濫用が市場に多く見られていた状態があり(注10)、さらに、法に規定された標章と同一・類似マークを使用した場合のみを規制対象としていることを理解しておく必要がある。これらは、条約遵守のための緊急措置とも考えられる。

　しかしながら、2020年東京オリンピックに対するアンブッシュ・マーケティング規制を考える場合、今まで規制されていなかった事項について立法化し、規制対象行為を行ったことで直ちに刑事罰適用とするのは、現時点では行き過ぎではないかと思われる。不正競争防止法2条1項2号について刑事罰が定められたのは、法制定されたとき（平成5年5月19日法律47号、平成6年5月1日施行）から10年以上経過した後の平成17年改正（平成17年6月29日法律75号、平成17年11月1日施行）による。

　例外的に消費者保護の観点から行政の規制も考える場合であっても、行政措置に対して争う機会を与え、行政措置に従わない場合には、刑事罰の適用とするといった手続が適切である。

### ▶(5) 2020年オリンピックのための限時法

　2020年オリンピックに関するアンブッシュ・マーケティング規制をすることから考えると、それ以外のイベントについて、同じ行為が規制されないとすることは適切ではない。加えて、不正競争行為の規制として規制するこ

とから考えると、イベントに関する行為のみを規制するのは適切でないことは自明である。イベントのみにアンブッシュ・マーケティングが行われるわけではないことは、2.1.1 で述べたとおりである。

オリンピックは私人により開催・運営されるものであり、オリンピックだけを特別扱いした法を恒常的に定めておく根拠は乏しいことからも、2020年東京オリンピックのためのアンブッシュ・マーケティング規制法は限時法とし、それとは別に、東京オリンピック以外のイベント事業、イベント事業以外の事業者の活動についての、同様のアンブッシュ・マーケティングに対して規制するよう立法化するすることが必要である。

## 5.4 普遍的に適用される法令の提言

次に、オリンピックやその他のイベントに限らず普遍的に適用される法令について検討する。

なお、以下の検討の参照のために、2.1.2 で掲げたアンブッシュ・マーケティングの主たる活動タイプを改めて示す。

A. イベントのスポンサーである旨の虚偽の表示をする。
B. イベント関連の標章（イベント及びその関連行事で使用される標章）と同一・類似のマークを使用する。
C. イベント関連の標章と同一・類似のマークは使用しないが、イベントと関連があるかのような表示をする。（このタイプの中には、さらにいくつかに分けられる）
D. イベント関連の標章と同一・類似のマークは使用しないが、イベント開催会場・競技場やその付近で、広告物の掲出や販売活動を行う。

5.3 における検討から、他国で存在する一般条項と同様の条項を不正競争行為規制のために導入することは、不正競争防止法制定・改正の経緯に鑑みるとやはり容易ではないと考える（一般条項への警戒感は、治安維持法の適用など戦前からの経験から（刑事手続も含めた濫用的な運用）、行政による法適用の妥当性についての信頼が十分にないこと、行政による法律適用につ

いて国民が監視する体制が十分にないことが要因ではないかと思われる。しかしながら、私人対私人の争い（差止請求訴訟、損害賠償請求）で、かつ有している権利を削ぐかたちではない一般条項の場合は、別途検討の余地はあるようにも思われる）（注11）。そうとすると、普遍的に適用される法令においても、2020年東京オリンピックのための限時法として検討したことと同じとなる。つまり、アンブッシュ・マーケティングの一定の行為について、行為規制とすること、救済方法としては私人による差止請求・損害賠償請求を基本とすること、刑事罰を適用することは時期尚早であること、あわせて、例外的に消費者保護の観点から景表法に基づいて規制をすること及び景品表示法に基づいた対応をとることは、普遍的に適用される場合においても、2020年東京オリンピックのための限時法として検討したことと同じである。すなわち、公正な競争秩序に反する行為を規制するものとして制定することが適切であると考える。

　普遍的に適用される場合において違いが出てくる部分は、規制対象行為の定め方であると思われるので、その点について以下検討する。

　イベントに限らず、周知・著名な商標と同一・類似のマークを使用し、又はその使用した商品を販売等したり、その使用した役務を提供したりし、当該周知・著名な商標が付されている商品、役務又はその事業運営主体との間に後援、支援又は承認の関係があるかのように誤認されるおそれがある行為を、不正競争行為として規制することになる。これは、A及びBのタイプの活動の規制を、イベントに限定せず定型化したものである。この行為規制は、イベントスポンサーであるが、出場チームとのスポンサー契約関係がないにも関わらず、当該出場チームとスポンサー契約関係にあるかのような行為をすることについても、規制することが可能である。さらに、出場選手とスポンサー契約があるかのような行為をすることも同様に規制可能である。この場合、選手からはパブリシティ権に基づく請求も可能である。

　この新たな不正競争行為は、現行の不正競争防止法2条1項1号と類似するものと考えるが、以下の点で異なる。ひとつ目は、現行法は出所表示行為のみを規制するのに対し、新たな不正競争行為では、出所表示行為に限定しないということである。ただし、公正な使用については、規制除外事項となるよう例示する必要がある。例えば、映像やポスター等を作成する場合に写

りこむだけの場合や報道・評論・批判の場合である。ふたつ目の違いは、商品又は営業と混同を生じさせることを規制しているのに対し、新たな不正競争行為では、商品、役務又はその事業運営主体との間に後援、支援又は承認の関係があるかのように誤認させることを規制するものである。2条1項1号の混同の要件が存在するのと同様に考えることができる。これによって、必要以上に営業活動を萎縮させることにはならないものと考える。この行為規制は、個別のイベントについてのアンブッシュ・マーケティング規制法を制定している各国において、法体系は違っても既に規制対象になっている行為である。

　Cのタイプの活動はBのタイプの活動の派生と考えられることから、Cのタイプの活動の規制を考えた場合、A及びBのタイプの活動の規制と同様に、後援、支援又は承認の関係があるかのように誤認されるおそれのある要件に加えて、周知・著名商標を使用しないが、当該周知・著名商標を想起させると合理的に考えられる標章を使用する行為が対象となる。しかしながら、オリンピックをはじめとする大規模イベントのように、当該イベントを指す表現の仕方が数多く考えられるような場合を除き、Cのタイプの規制は必要とは思われない。この点からすると、該当するイベントの開催があるときにあわせて必要な時限立法をすることで十分ではないかと考える。

　また、Dのタイプの活動の規制は、2020年東京オリンピックのためのアンブッシュ・マーケティング規制法についての検討と同様、来場者の安全な通行やテロ等の防止（公共の安全）の観点又は美観の観点から、必要な範囲で別に規制されるべきである。

　この普遍的に適用される法令が制定されれば、本稿の冒頭で取り上げた周知・著名商標の顧客誘引行為の利用行為に対して、適切な範囲で行為規制になるものと考える。これは、不正競争行為を禁止する趣旨として、「被害者たる他の営業者に対する不法な行為であるに止まらず、業界に混乱を来たし、ひいて経済生活一般を不安ならしめるおそれがある」「必要な規制を加え、その違反者を処罰することは、公共の福祉を維持するために必要あるもの」と説示した最高裁判決（最判昭和35年4月6日刑集14巻5号525頁（昭和33年(あ)342号）。旧不正競争防止法1条1号又は2号に該当する行為が禁止され、かつ刑事罰の対象となる理由を述べたもの)、及びこの最高裁判決を引用しつつ「『混同を生

じさせる行為』が、周知表示の出所表示機能を破壊し、営業上の利益を害するのみならず、一般取引者及び需要者を害し、ひいては取引秩序を混乱破壊するものである」としたオービックス事件（知財高判平成19年11月28日裁判所ウェブサイト（平成19年(ネ)10055号）、原審は、東京地判平成19年5月31日（平成18年(ワ)17357号））の指摘するとおり、周知・著名商標に化体して形成された信用を冒用することを規制し、一般取引者及び需要者を害することのないよう公正な競業秩序を形成することにつながるものと考える。

---

(注1) 小川勝『オリンピックと商業主義』（集英社新書・2012）125頁参照。
1980年までは、オリンピック運営に開催地の税収が投入されており、1980年冬季オリンピック組織委員会は赤字にて破産するに至っている。なお、2020年東京オリンピックについて運営資金に都からの支出はない旨、答弁がされている。なお、同都議会にて、パラリンピックの運営については、政府と東京都で運営資金の半分を負担する旨の答弁がされている（平成25年2月8日開催東京都オリンピック・パラリンピック招致特別委員会速記録13号）。

(注2) 2016年オリンピック招致のために、2009年2月13日付けで提出された2016 Candidature File ＜ Summary Booklet ＞ p9。

(注3) 2020年オリンピック招致のために、2012年2月13日にIOCに提出したApplication File p68。

(注4) Report of the IOC 2020 Evaluation Commission Games of the XXXII Olympiad (19 April, 2013)p61（IOCホームページ：http://www.olympic.org/ より入手）。

(注5) Report of the IOC 2020 Evaluation Commission Games of the XXXII Olympiad・前掲（注4）p65。

(注6) 拙稿「知財視点のブランド・マネジメント—商標法・不正競争防止法で保護されるための『出所』表示—」田中洋編『ブランド戦略全書』（有斐閣・2014年11月）183-205頁。

(注7) イベント主催者の許諾なくイベントを放送した場合の手段として、宮田正樹「スポーツ興行・実況の法的保護」ビジネスロー・ジャーナル2012年1月号103頁も、民法709条の適用をあげる。

- **(注8)** 根本尚徳「差止請求権理論と不法行為法―独禁法24条の解釈論に寄せて―」法律時報78巻8号63頁、白石忠志「独禁法における差止請求制度の導入」総合研究開発機構・高橋宏志編『差止請求権の基本構造』（商事法務研究会・2001）97頁、白石忠志「独禁法の民事的なエンフォースメント」経済学会22巻52頁（2001）、最高裁判所事務総局行政局監修『独占禁止法関係訴訟執務資料』（法曹会・2001）4頁。
- **(注9)** http://www.shouhiseikatu.metro.tokyo.jp/sodan/kinkyu/131024.html（2014年6月14日確認）。5月19日付け毎日新聞朝刊によると、既に1億3000万円を超える被害が出ている。
- **(注10)** 井上忠男編訳『赤十字標章ハンドブック　標章の使用と管理の条約・規則・解説集』（東信堂・2010）はしがきより。
- **(注11)** なお、治安維持法の制定経緯や運用について、奥平康弘『治安維持法小史』（筑摩書房・1977）、荻野富士夫『思想検事』（岩波新書・2000）、荻野富士夫『横浜事件と治安維持法』（樹花舎・2006）、荻野富士夫『特高警察』（岩波新書・2012）、中澤俊輔『治安維持法』（中公新書・2012）。

# 6

## 結　語

本稿で述べようとしたことのまとめをここで行う。

著名又は周知な商標の顧客誘引力を利用する行為が現実に存在するなか、我が国では、基本的に商標法又は不正競争防止法により出所表示機能を果たす態様の使用の場合を除き、原則として規制されない。一方で、オリンピックをはじめとする大規模スポーツイベントを開催している各国では、アンブッシュ・マーケティングと呼ばれる活動を規制する法が個別のイベントのために制定されており、イベントの標章を使用していない場合も規制の対象となっている。

具体的には、アンブッシュ・マーケティング活動とは、詳細は本稿2.1.2で述べているが、主なものとして、以下の4つのタイプ（イベントに関するものとして）考えられる。

A. イベントのスポンサーである旨の虚偽の表示をする行為。
B. イベント関連の標章（イベント及びその関連行事で使用される標章）と同一・類似のマークを使用する行為。
C. イベント関連の標章と同一・類似のマークは使用しないが、イベントと関連があるかのような表示をする行為。
D. イベント関連の標章と同一・類似のマークは使用しないが、イベント開催会場・競技場やその付近で、広告物の掲出や販売活動を行う行為。

本稿第2章で、各国で制定されている個別のイベントのための法について、アンブッシュ・マーケティング活動をどのように規制しているか分析を行い、3.1ではそれらの法が制定されている背景として、イベント主催者が法制定を要求していること、またこうした法がイベント主催者のビジネスモデルを守る上で必要なものであることを検証した。

続く3.2では、各国でこうした個別の民間イベントのための法制定に大きな障害があったとの情報もないことから、各国ではイベントに関するアンブッシュ・マーケティング活動に相当する行為を規制する法や判例法理が存在するのではないかとの仮説に設定した。その上で、オーストラリアやロシアでは、それぞれの競争法に「誤認を生じやすい又はぎまん的若しくは誤認を生じさせ又はぎまん的となるおそれのある行為」や「誤った、不正確な又は歪んだ情報を広めること」を規制する条文が基礎となっていること、コモンローの国においては、コモンロー上のパッシングオフとして、Goodwill

を持つ者と関連があるかのような表示、あるいは Goodwill を有する者から承認、許諾、支援等を受けているかのように表示されていることについて、パッシングオフであると請求し救済を得ることは可能であったが、それらが成文法化して、より明確に欺瞞的な表示行為等を排除しようとしてきたという事実が存在していること、コモンローの国以外においても、他者が獲得した評判や名声を、自己の経済的利益のために利用することは不正競争である旨を定めた条文及び一般条項の解釈が存在することを検証した。すなわち、イベント毎に制定されているアンブッシュ・マーケティング規制法は、その基礎となる法又は法理が存在しており、イベントの際に法執行をスムーズにするために、その法又は法理を明確にしたものに過ぎないと考えられる。

これに対して、我が国においては、商標法又は不正競争防止法により出所表示機能を果たす態様の使用の場合を除き、著名又は周知な商標の使用した場合であっても、顧客誘引力を有する商品・役務又はその事業者と関連があるかのような表示、あるいはその事業者から承認、許諾、支援等を受けているかのように表示する行為について、不正競争防止法、景品表示法及び独占禁止法のいずれも行為規制の対象と考えることは困難であり、他国で制定されているアンブッシュ・マーケティング規制法の基礎となる法や法理は存在しないことを、第4章で確認した。

次に、第5章にて、我が国の法体系を考慮した上で、どのように対処すべきであるか検討し、提言をまとめている。

まず、日本企業が各国で事業を行っているのと同様に、我が国でも様々な国、地域の事業者がビジネスを展開しており、他国ではアンフェアな行為として規制されている活動が、我が国では法的に規制されないというのは適切な状態とは言えないと考える。そのため、アンブッシュ・マーケティング活動を規制する基礎となる法は明確にはないなかでは、オリンピックなどの個別のイベント等のためのアンブッシュ・マーケティング規制法制定を検討するよりは、普遍的に適用される法令を用意することが本来の道筋であると考える。その上で、よりスムーズな運営又は迅速な問題解決のために、2020年東京オリンピックのための法令を制定するといった順序であるべきであろう。しかしながら、既に2020年東京オリンピック開催のために、アンブッシュ・マーケティングの規制に関して政府保証を提出しているなど対外的な

約束を既にしたなか、本来の道筋では時間を要し、いわば押し付けのかたちで、IOCが要求する内容をそのまま法文化せざるを得ないことも可能性としてはあり得る。

そこで、日本の法体系を考慮に入れた上で、普遍に適用される法を整備することを意識しつつ、2020年東京オリンピックのためのアンブッシュ・マーケティング規制法を検討する。その上で、普遍に適用される法を検討した。

アンブッシュ・マーケティングとは、その定義から、そのイベントと結び付きを作ろうとする行為であり、各国においてはIOCやFIFAなどが定義した活動を規制してきている。この点から、行為規制の要件を考えると、規制する行為としては、単に商業的に使用する行為ということではなく、一般消費者・需要者が、IOC又はオリンピックから承認されている、後援されているか又は関係があるかのように誤認されるおそれのある表示や行為ということになろう。この要件を付すことで、IOCやオリンピックに言及するすべての活動が行えなくなる事態は避けられる。2020年東京オリンピックのための法令における規制対象行為として、許諾なくオリンピックの標章と同一・類似のマークを商業目的に使用する行為（A及びBのタイプの活動）を規制するにあたって、公正な使用について規制することがないよう、規制対象にならない場合を明らかにする必要がある。例えば、映像やポスター等を作成する場合にわずかに写りこむだけの場合、オリンピックについての報道・評論・批判、オリンピックを舞台にした小説・漫画等（ただし、本筋のストーリーに無関係に、オリンピック標章を使用することは、公正な使用とはならない）である。

オリンピックの標章と同一・類似のマークを使用しないCのタイプの活動に関しても、過剰な規制にならないように、上記の要件だけでなく、どのようなマークを使用したら規制されるのかを明確にする必要があること、Dのタイプの活動については、来場者の安全な通行やテロ等の防止（公共の安全）の観点又は美観の観点から、必要な範囲で別に規制されるべきであることを述べた。また、救済方法としては私人による差止請求・損害賠償請求を基本とすること、刑事罰を適用することは時期尚早であること、あわせて、必要に応じて消費者保護の観点から景品表示法に基づいて規制をすること及び景品表示法に基づいた対応をとることを述べた。

その上で、オリンピックやその他の大規模イベントに限らず普遍的に適用される場合について、イベントに限らず、周知・著名な商標と同一・類似のマークを使用し、又はその使用した商品を販売等したり、その使用した役務を提供したりし、当該周知・著名な商標が付されている商品、役務又はその事業運営主体との間に後援、支援又は承認の関係があるかのように誤認されるおそれがある行為を、不正競争行為として規制することになるべきであるとする。これは、イベントにおけるA及びBのタイプの活動の規制を、イベントに限定せず定型化したものである。また、Cのタイプの活動の規制は、周知又は著名なイベントの標章を用いないで、イベントのことを指す表示を用いる規制であり、上記の行為規制の派生と考えることができることから、オリンピックをはじめとする大規模イベントのように、当該イベントを指す表現の仕方が数多く考えられるような場合を除き、Cのタイプの規制は必要とは思われないため、該当するイベントの開催があるときにあわせて必要な時限立法をすることで十分ではないかと考える。イベントの場合のDのタイプの活動の規制は、来場者の安全な通行やテロ等の防止（公共の安全）の観点又は美観の観点から、必要な範囲で別に規制されるべきと考える。

　この普遍的に適用される法令が制定されれば、本稿の冒頭で取り上げた周知・著名商標の顧客誘引行為の利用行為に対して、適切な範囲で行為規制になるものと考える。

◇参考文献リスト

**日本参考文献：**
- 青木博通「周知・著名商標の保護強化 その実務傾向」知財管理50巻5号629頁（2000）
- 青木博通『知的財産権としてのブランドとデザイン』（有斐閣・2007）
- 蘆立順美「商標が付された商品の流通と商標機能論－商品の詰替・改変の事例を中心として－関俊彦先生古稀記念『変革期の企業法』（商事法務・2011）
- 厚谷襄児「独占禁止法24条の規定に基づく差止請求制度に係る下級審判決例の論点の若干の整理」ジュリスト1297号104頁（2005）
- 網野誠「『商標の使用』の概念をめぐって」豊崎光衛先生追悼論文集『無体財産法と商事法の諸問題』（有斐閣・1981），網野誠『続商標法の諸問題』（東京布井出版・1983）にも所収
- 網野誠『商標法（第6版）』（有斐閣・2002）
- アラン・フェラン＝ジャン・ルー・シャペレ＝ベノワ・スガン（原田宗彦監訳）『オリンピックマーケティング 世界No.1イベントのブランド戦略』（スタジオタッククリエイティブ・2013）
- 有泉亨「イギリスの不正競業法」比較法研究19号（1959）
- 有馬忠三郎『不正競業論』（弘文堂・1922）
- アール・W・キントナー（内田耕作ほか訳）『誇大広告および欺瞞的商行為取締法』（日本工業新聞社・1982）
- 尹復興「台湾改正商標法（2011年5月31日成立）の解説(1)～(8)」知財ぷりずむ107号～114号（2011～2012）
- 飯田喜信〔判解〕最高裁判所判例解説刑事篇平成12年度（法曹会・2003）
- 飯村敏明「使用の概念」田倉整・元木伸編『実務相談不正競争防止法』（商事法務研究会・1989）
- 猪谷千春『IOC オリンピックを動かす巨大組織』（新潮社・2013）
- 伊藤憲二「近時の独占禁止法24条に基づく差止請求訴訟判決の検討(1)(2)(3)」公正取引646-648号（2004）
- 伊藤知生「商標権者が品質管理義務を怠り登録商標が抹消された米国事例 － Barcamerica v. Tyfield事件」知財管理56巻4号615頁（2006）
- 井上一平『商標論』（日本経済新聞社・1958）
- 井上一平『商標詳論』（同文館・1964）
- 井上忠男編訳『赤十字標章ハンドブック 標章の使用と管理の条約・規則・解説集』（東信堂・2010）
- 井上由里子「パブリシティの権利の再構成－その理論的根拠としての混同防止規定－」

筑波大学大学院企業法学専攻十周年記念『現代企業法学の研究』（信山社・2001）
- 井上由里子「パブリシティの権利と標識法体系」『特許制度のハーモナイゼーション』日本工業所有権法学会年報 25 号（2001）
- 今村成和「不公正な取引方法（一般指定）の改正の背景」公正取引 382 号 27 頁（1982）
- 入江啓四郎『国際不正競争と国際法』（成文堂・1967）
- 伊従寛「外国におけるぎまん的取引方法の規制」公正取引 1961 年 2 月号
- 宇井正一「商標としての使用」牧野利秋編『裁判所実務大系 9　工業所有権訴訟法』（青林書院・1985）
- 内田耕作「独禁法違反行為に係る民事的救済制度の再検討－損害賠償制度に即して－」彦根論叢 354 号 19 頁
- 内田耕作「独禁法違反行為に係る民事的救済制度の再検討－差止請求制度に即して－」厚谷襄兒先生古稀記念論集『競争法の現代的諸相（下）』（信山社・2005）
- 江口順一『不正競業法の比較研究　－法システムの現代化－』（国際商事仲裁協会・1989）
- 江口順一「シンポジウム商標法による商標の保護　－不正競争防止法との関係からの考察－」『商標の保護』日本工業所有権法学会年報 31 号 41 頁（2008）
- 榎戸道也「商標としての使用」牧野利秋・飯村利秋『新・裁判実務体系 4　知的財産関係訴訟法』（青林書院・2001）
- 遠藤誠『中国知的財産法』（商事法務・2006）
- 大内義三「差止請求と独占禁止法」一橋論叢 121 号 1 号 86 頁（1999）
- 大内義三「独占禁止法に基づく差止請求と民事訴訟法 5 条について」亜細亜法学 42 巻 2 号（2008）
- 大橋麻也「フランスにおける不正競争の概念」比較法学 40 巻 2 号 83 頁（2007）
- 大橋麻也「フランスの不正競争防止法制(1)（2・完)」早稲田法学 85 巻 1 号・2 号（2010）
- 大橋敏道「独占禁止法の差止請求制度　－法施行後 6 年目における判例と理論の問題点－」福岡大学法学論叢 52 巻 1 号 197 頁（2007）
- 小川勝『オリンピックと商業主義』（集英社新書・2012）
- 奥平康弘『治安維持法小史』（筑摩書房・1977）
- 大須賀滋「商標としての使用」清水利亮・本間崇編『実務相談工業所有権四法』（商事法務研究会・1994）
- 尾島明『逐条解説 TRIPS 協定　WTO 知的財産権協定のコンメンタール』（日本機械輸出組合・1999）
- 大西育子「商標と商品等表示の使用」パテント 62 巻 4 号（2009）
- 大西育子『商標権侵害と商標的使用』（信山社・2011）
- 荻野富士夫『思想検事』（岩波新書・2000）
- 荻野富士夫『横浜事件と治安維持法』（樹花舎・2006）

- 荻野富士夫『特高警察』（岩波新書・2012）
- 小野昌延編『注解商標法（新版）』（上・下）（青林書院・2005）
- 小野昌延編『新注解不正競争防止法（新版）』（上・下）（青林書院・2007）
- 小野昌延「商標法とGOODWILL」『商標の保護』日本工業所有権法学会年報31号137頁（2008）
- 小野昌延先生喜寿記念『知的財産法最高裁判例評釈大系Ⅱ（意匠法・商標法・不正競争防止法）』（青林書院・2009）
- 糟谷安「商標法上の商標の定義について」石黒淳平先生・馬瀬文夫先生還暦記念『工業所有権法の諸問題』（法律文化社・1972）
- 金井貴嗣「不公正な取引方法をめぐる諸課題」日本経済法学会編『不公正な取引方法規制の再検討』日本経済法学会年報第30号（通巻52号）
- 金沢良雄「不当表示の取締強化論」公正取引202号
- 兼子一・染野義信『新特許・商標』（青林書院新社・1962）
- 神谷巌「商標法上の商品」知財管理48巻4号479頁
- カラペト・ホベルト「ブラジルにおける知的財産保護とサッカーW杯・リオオリンピックに向けた模倣品対策」IPマネジメントレビュー11号32頁（2013）
- 河原文敬「取引契約と公序」九州国際大学法学論集17巻3号155頁（2011）
- 顔廷棟「台湾競争法とその法制・法運用の検討」筑波ロー・ジャーナル5号（2009）
- 来生新「独占禁止法体系の整備と消費者保護法としての独占禁止法の確立」正田彬先生古稀祝賀『独占禁止法と競争政策の理論と展開』（三省堂・1999）
- 喜多了祐「不正競業禁厭の法史と法理」国際経済法研究会編『国際不正競争の研究』（有斐閣・1955）
- 金久美子「商標としての使用－侵害訴訟における解釈及びその問題点について－」（知的財産研究所紀要・2010）
- 久々湊伸一「著作物の題号の商標法上の保護－ドイツ商標法がわが国の題号保護に対して示唆するもの－」紋谷暢男教授還暦記念『知的財産権法の現代的課題』（発明協会・1998）
- グレンM. ウォン・川井圭司『スポーツビジネスの法と文化』（成文堂・2012）
- 経済産業省商務情報政策局文化情報関連産業課「平成15年度経済的価値に着目した肖像の保護と利用に関する研究会報告書」（2004）
- 経済産業省知的財産政策室編著『逐条解説不正競争防止法平成21年改正版』（有斐閣・2010）、同『逐条解説不正競争防止法平成18年改正版』（有斐閣・2007）
- 競争政策研究センター共同研究『原始独占禁止法の制定過程と現行法への示唆』（2006）
- 競争政策研究センター共同研究『競争者排除行為に係る不公正な取引方法・私的独占について』（2008）
- 競争政策研究センター共同研究『原始独占禁止法の制定過程と現行法への示唆－公取委

の組織、司法制度、損害賠償、刑事制度−』(2008)
- 工藤莞司「商標法の構造と出所表示機能の保護（上）（下）−実務的視点を中心として−」東京都立大学法学会雑誌第 49 巻第 1 号及び 2 号（2008、2009）
- 工藤莞司「商標制度の現状と課題について−不使用登録商標対策と商標の使用を巡る諸問題−」情報管理 46 巻 5 号 289 頁
- 黒田健二「国際的スポーツイベントと知的財産保護 ～権利確保からアンブッシュマーケティング対策まで～」パテント 67 巻 5 号 16 頁（2014）
- 桑田三郎『国際商標法の諸問題』（中央大学出版部・1992）
- 公正取引委員会事務局官房渉外室『アジア・太平洋地域独占禁止政策東京会議 資料 8 オーストラリア独占禁止法（仮訳）』(1979)
- 公正取引委員会事務局「不公正な取引方法（昭和 28 年公正取引委員会告示第 11 号）の改正について」公正取引 381 号 4 頁（1982）
- 小嶋崇弘「米国商標法における混同概念の拡張について」知財研紀要 21 号（2012）
- 古城春実「商標の識別力の利用と比較広告」パテント 64 巻 5 号（2011）
- 後藤憲秋「商標権の侵害と出所表示機能を有しない態様での表示等の使用」特許法研究会編 富岡健一先生追悼『知的財産法の実務と研究』（六法出版社・1997）
- 最高裁判所事務総局『無体財産権関係民事事件執務資料』
- 最高裁判所事務総局行政局監修『知的財産権関係民事・行政裁判判例概観』（法曹会・1993）
- 最高裁判所事務総局行政局監修『独占禁止法関係訴訟執務資料』（法曹会・2001）
- 坂根哲夫「ぎまん的取引方法の規制について」公正取引 1961 年 2 月号
- 佐藤俊司「米国における Well-known Marks Doctrine について 属地主義と周知商標保護の原則」パテント 61 巻 5 号 9 頁（2008）
- 島並良「登録商標権の物的保護範囲(1)(2)」法学協会雑誌第 114 巻 5 号 547 頁、同 114 巻 8 号 936 頁（1997）
- 渋谷達紀『商標法の理論』（東京大学出版会・1973）
- 渋谷達紀「登録商標権の保護範囲」豊崎光衛先生追悼論文集『無体財産法と商事法の諸問題』（有斐閣・1981）
- 渋谷達紀「比較広告㈠㈡」民商法雑誌 88 巻 1 号及び 2 号（1983）
- 渋谷達紀［判批］判例時報 1136 号 198 頁（1985）
- 渋谷達紀「不正競争防止法−一般不法行為法による補完−」民商法雑誌創刊 50 周年記念論集・民商法雑誌 93 巻臨時増刊号(2)（1986）
- 渋谷達紀「登録商標の出所表示機能−並行輸入との関連において−」『多項制に関する諸問題』日本工業所有権法学会年報 11 号（1988）
- 渋谷達紀「著名表示冒用行為に対する不正競争防止法上の規制」鴻常夫先生古稀記念『現代企業立法の軌跡と展望』（商事法務・1995）

- 渋谷達紀〔判批　フレッドペリー事件〕民商法雑誌 129 巻 4・5 号 692 頁（2004）
- 渋谷達紀「顧客吸引力の保護」渋谷達紀・竹中俊子・高林龍『I.P Annual Report 知財年報 2006』（商事法務・2006）
- 渋谷達紀「知的財産保護の交錯・専属・欠如」『知的財産権の現状と課題』日本工業所有権法学会年報 30 号（2007）
- 渋谷達紀『知的財産法講義Ⅲ（第 2 版）』（有斐閣・2008）
- 渋谷達紀「商標保護の思想」高林龍編『知的財産法制の再構築』（日本評論社・2008）231 頁
- 渋谷達紀「真正商品の並行輸入　－フレッドペリー事件」『知的財産法最高裁判例評釈大系　小野昌延先生喜寿記念』（青林書院・2009）
- 司法研修所編『工業所有権関係民事事件の処理に関する諸問題』（法曹会・1995）
- 謝銘洋（前原洋訳）「WTO／TRIPS 協定の台湾知的財産権法制度への影響」知的財産法政策学研究 7 号 69 頁（2005）
- 周山「中国『反不正当競争法』における知的財産保護の強化－反不正当競争法の初の最高裁司法解釈に関する全文解説」帝塚山法学 18 号（2009）
- 商事法務研究会『規制緩和後の市場ルール重視型経済社会における競争秩序規制の在り方に関する調査研究』（1999）
- 商標条約研究会「パリ条約における周知商標の保護に関する歴史的発展についての考察（上）（中）（下）」知財ぷりずむ 98 号〜 100 号
- 白石忠志「独禁法における差止請求制度の導入」総合研究開発機構・高橋宏志編『差止請求権の基本構造』（商事法務研究会・2001）
- 白石忠志「独禁法の民事的なエンフォースメント」経済学会 22 巻（2001）
- 鈴木和人『独禁法の運用と不公正な取引方法』（嵯峨野書院・2005）
- 鈴木恭蔵「独占禁止法 24 条の差止請求訴訟の実情と若干の課題（上）（下）」公正取引 652 号・653 号（2005）
- 鈴木清貴「不正競争と不法行為－不正競争防止法と民法の関係－」帝塚山法学 18 号（2009）
- 関谷巌「真正商品の並行輸入と商標権の侵害」三田法曹会篇『慶応義塾大学法学部法律学科　開設百年記念論文集』（1990）
- 芹田幸子「商標の使用」牧野利秋ほか編『知的財産法の理論と実践 3　商標法・不正競争防止法』（新日本法規出版・2007）
- 宗田貴行『独禁法民事訴訟』（レクシスネクシス・2008）
- 染野義信「フランスの不正競業」比較法研究 19 号（1959）
- 高澤美由紀「独占禁止法と団体訴訟－私訴制度の改善－」調査と情報 576 号
- 高林龍『標準著作権法』（有斐閣・2010）
- 高林龍『標準特許法（第 4 版）』（有斐閣・2011）

- 高林龍『標準民事手続法』（発明推進協会・2012）
- 辰巳直彦「商標の機能と商標権の権利構成についての一考察」F・K・バイヤー教授古稀記念論文集『知的財産と競争法の理論』（第一法規・1996）
- 田中俊次「商標権侵害訴訟の要件事実」西田美昭ほか編『民事弁護と裁判実務8　知的財産権』（ぎょうせい・1998）
- 田中寿「不公正な取引方法（一般指定）の改正について」公正取引382号19頁（1982）
- 谷原修身『独占禁止法と民事的救済制度』（中央経済・2003）
- 玉井克哉　「フリーライドとダイリューション」ジュリスト1018号　37頁（1993）
- 田村将「周知商標の保護に関するWIPO専門家会議出席報告」知財管理47巻5号703頁（1997）
- 田村善之「知的財産権法　おぼえがき」知的財産研究所5周年記念論文集『知的財産の潮流』（信山社出版・1995）
- 田村善之『商標法概説（第2版）』（弘文堂・2000）、同『商標法概説』（弘文堂・1998）
- 田村善之『不正競争法概説（第2版）』（有斐閣・2003）、同『不正競争法概説』（有斐閣・1994）
- 田村善之「商標法の保護法益」第二東京弁護士会知的財産研究会編『新商標法の論点』（商事法務・2007）
- 田村善之・小嶋崇弘「商標法上の混同概念の時的拡張とその限界」第二東京弁護士会知的財産権法研究会編『ブランドと法』（商事法務・2010）
- 知的財産研究所『平成3年度知的財産政策に関する調査研究委託研究結果報告書　不正競争防止法に関する調査研究』（1992）
- 知的財産研究所　平成18年度特許庁産業財産権制度問題調査研究報告書「各国における商標権侵害行為類型に関する調査研究報告書」（2007）
- 知的財産研究所　平成19年度特許庁産業財産権制度問題調査研究報告書「著名商標に係る保護の拡大等に関する調査研究報告書」（2008）
- 茶園成樹　「顧客吸引力の保護」『知的財産権の現状と課題』日本工業所有権法学会年報30号106頁（2007）
- 茶園成樹「商標権の効力の制限について－商標法26条1項2号〜4号と権利行使制限の抗弁、商標的使用論との関係を中心に－」高林龍編『知的財産法制の再構築』（日本評論社・2008）
- 茶園成樹「独占禁止法と不正競争防止法の関係」日本経済法学会編『競争秩序と民事法』日本経済法学会年報第19号（通巻41号）
- 茶園成樹「著作物の題号と不正競争防止法」村林隆一先生傘寿記念『知的財産権侵害訴訟の今日的課題』（青林書院・2011）
- 趙京喜「商標の保護対象と保護機能の拡大　諸国の動向と韓国において検討すべき課題」早稲田大学大学院法学研究科2010年度博士論文

- 通商産業省産業政策局編『平成10年企業法制研究会報告　不公正な競争行為に対する民事的救済制度のあり方－自律的な競争秩序の維持・発展に向けて』別冊NBL49号（1998）
- 塚田益徳「民事的救済制度の整備にかかる平成12年独占禁止法改正の概要」NBL690号6頁（2000）
- 角田美穂子「競争秩序と不法行為法」法律時報78巻8号43頁
- TMI総合法律事務所『知的財産の適切な保護に関する調査研究　東アジア大における不正競争及び営業秘密に関する法制度の調査研究報告－欧米の法制度との対比において－』（2007）
- TMI総合法律事務所『表示に係る不正競争行為に関する調査研究報告書』（2008）
- 外川奈美『ブラジル商標法』（発明協会・2011）
- 独占禁止法研究会「不公正な取引方法に関する基本的な考え方(1)(2)」公正取引382号・383号（1982）
- 利部脩二「不当景品類及び不当表示防止法について」公正取引142号（1962）
- 特許庁編『新工業所有権法逐条解説』（発明協会・1959）
- 特許庁商標第一・二課編『商標審査基準〔改訂2版〕』（発明協会・1981）
- 特許庁編『工業所有権法（産業財産権法）逐条解説（第18版）』（発明協会・2010）
- 土肥一史「比較広告における他人の登録商標の使用」染野義信博士古希記念論文集『工業所有権－中心課題の解明－』（勁草書房・1989）
- 土肥一史「新ドイツ不正競争防止法案の下での不正競争行為の概説」日本弁理士会中央知的財産研究所『研究報告第16号　不正競争防止法における表示に関する権利の実現』（2005）
- 土肥一史「産業財産権法及び著作権法と不正競争防止法の補完関係」『知的財産権の現状と課題』日本工業所有権法学会年報30号（2007）171頁
- 土肥一史「不正競争防止法の現状と課題」ジュリスト1326号（2007）
- 土肥一史「商標的使用と商標権の効力」パテント62巻4号（2009）
- 土肥一史「著名商標の保護」Law & Technology 43号（2009）
- 土肥一史「標章を商標たらしめているものはなにか」パテント64巻5号（2011）
- 豊崎光衛「不正競業法の発展」田中先生還暦記念『商法の基本問題』（有斐閣・1952）
- 豊崎光衛「ドイツの不正競業法」比較法研究19号（1959）
- 豊崎光衛「欺瞞的表示及び広告の規制」公正取引134号（1961）
- 豊崎光衛『法律学全集54-1　工業所有権法（新版・増補）』（有斐閣・1980）
- 豊崎光衛＝松尾和子＝渋谷達紀『不正競争防止法』（第一法規・1982）
- 中澤俊輔『治安維持法』（中公新書・2012）
- 中田邦博「ドイツ不正競争防止法の新たな展開－新UWGについて」立命館法学298号（2004）
- 中村知公「周知商標保護の国際動向　WIPO周知商標保護に関する専門家会議（第3回）

経過報告を中心として」知財管理 48 巻 4 号 581 頁（1998）
- 中村知公・加藤公久「周知商標の保護に関する共同勧告決議　企業における商標保護の視点から」知財管理 50 巻 2 号 195 頁（2000）
- 中村仁・土生真之「スポーツイベントの商標保護　～アンブッシュ・マーケティングを中心として～」パテント 67 巻 5 号 23 頁（2014）
- 中山健一「米国におけるダイリューションに対する標章の保護－ランハム法による保護を中心として－」パテント 56 巻 3 号 21 頁（2003）
- 南部利之『改正景品表示方と運用指針』（商事法務 2004）
- 西信子「『商標としての使用』をめぐる考察」村林隆一先生傘寿記念『知的財産権侵害訴訟の今日的課題』（青林書院・2011）
- 仁科貞文＝田中洋＝丸岡吉人著『広告心理』（電通・2007）
- 日本オリンピック・アカデミー編『ポケット版　オリンピック事典』（樂・2008）
- 日本国際知的財産保護協会「各国における周知商標の保護に関する調査研究報告書」（2006）
- 日本スポーツ法学会編『詳解スポーツ基本法』（成分堂・2011）
- 根本尚徳「差止請求権理論と不法行為法　－独禁法 24 条の解釈論に寄せて－」法律時報 78 巻 8 号 60 頁
- 播磨良承「商標の機能に関する法律学的検討」民商法雑誌 78 巻臨時増刊号(3)
- 播磨良承『特許と商標の保護』（有信堂・1973）
- 播磨良承『工業所有権法の基礎理論』（ぺんぎん出版・1975）
- 播磨良承『工業所有権法の諸問題』（東出版・1978）
- 播磨良承『増補　国際工業所有権法　パリ条約とその権利保護』（中央経済・1979）
- 播磨良承『マークと企業戦争　実例からみた不正競争』（日刊工業新聞社・1979）
- 播磨良承編著『商標の保護　アメリカ商標法・不正競業法を中心として』（発明協会・1981）
- 播磨良承『商標法　理論と実際』（六法出版社・1983）
- 林いづみ「商標権の効力とその制限　－商標法 25 条・26 条再考－」パテント 64 巻 5 号（2011）
- 東出浩一編『独占禁止法違反行為と民事的救済制度　独占禁止法違反行為に係る民事的救済制度研究会報告』別冊 NBL55 号（2000）
- 東出浩一編著『独禁法違反と民事訴訟　差止請求・損害賠償制度』（商事法務・2001）
- 広瀬一郎編『スポーツ・マネジメント理論と実務』（東洋経済新報社・2009）
- 平尾正樹『商標法　第一次改訂版』（学陽書房・2006）
- 平田竹男『スポーツビジネス最強の教科書』（東洋経済新報社・2012）
- 平林英勝「不公正な取引方法規制の歴史・意識・課題」日本経済法学会編『不公正な取引方法規制の再検討』日本経済法学会年報第 30 号（通巻 52 号）
- 藤原龍治『商標と商標法』（東洋経済新報社・1959）

- Dr. Frauke Henning-Bodewig（ドイツ知的財産法研究会訳）「ドイツ新不正競争防止法」知財管理58巻5号649頁（2008）
- 細田孝一「諸外国における不公正な取引方法の規制の概要（1）（2）（3）」公正取引382〜384号（1982）
- 堀江亜以子「パブリシティ価値の定義と『パブリシティの権利』の一試論」東京都立大学法学会雑誌第44巻第2号 渋谷達紀教授退職記念号（2004）
- 眞壽田順啓「WTO・WIPOと周知商標の国際的保護 上・下」貿易と関税46巻5号・6号（1998）
- 松岡誠之助『商号の研究』（専修大学出版局・1999）
- 『松田治躬先生古稀記念論文集』（東洋法規出版・2011）
- 松下満雄・知的財産研究所編『競争環境整備のための民事的救済』別冊NBL44号（1997）
- 松本武彦「標章の使用態様と商標権侵害の正否」関西法律特許事務所開設25周年記念論文集『民事特別法の諸問題第3巻』（第一法規・1990）
- 間野義之『オリンピック・レガシー 2020年東京をこう変える！』（ポプラ社・2013）
- 御器谷修・梅津有紀「独占禁止法に基づく差止請求の実務−示談交渉を中心として−」慶應法学11号29頁（2008）
- 美勢克彦「商標権侵害訴訟における商標権の権力の及ぶ範囲について −商標法26条1項1号〜3号の解釈を中心として」牧野利秋ほか編『知的財産法の理論と実務3 商標法・不正競争防止法』（新日本法規・2007）
- 光石俊郎「不正競争防止法2条1項1号・2号の『使用』の意義」知財管理51巻6号949頁
- 三村量一［判解］『最高裁判例解説民事篇 平成9年度（上）』
- 三宅發士郎『商標法講話』（早稲田大学出版部・1922）
- 三宅發士郎『日本商標法』（巌松堂書店・1931）
- 宮田正樹「スポーツ興行・実況の法的保護」ビジネスロー・ジャーナル46号102頁（2011）
- 宮脇正晴「商標の機能と商標法の目的」国際公共政策研究第5巻1号275頁（2000）
- 宮脇正晴「商標機能論の再検討 品質保証機能に関する問題を中心に」『知的財産権の現状と課題』日本工業所有権法学会年報30号5頁（2007）
- 宮脇正晴「著名商標の保護」『商標の保護』日本工業所有権法学会年報31号99頁（2008）
- 宮脇正晴「不正競争防止法による著作物の題号の保護」斉藤博先生御退職記念論文集『現代社会と著作権法』（弘文堂・2008）
- 宮脇正晴「著作物の題号（タイトル）と『商標としての使用』」パテント62巻4号（2009）
- 民事的救済制度研究会・松下満雄編『不公正な競争行為と民事的救済 民事的救済制度研究会中間とりまとめ』別冊NBL43号（1997）
- 村上正博・山田建男『独占禁止法と差止・損害賠償 第2版』（商事法務・2005）
- Mary LaFrance（矢野敏樹訳）「詐称通用（パッシングオフ）と不正競争：競争法にお

ける対立とコンバージェンス」知的財産法政策学研究 37 号 1 頁（2012）
- メディア総合研究所『新スポーツ放送権ビジネス最前線』（花伝社・2006）
- 紋谷暢男編『商標法 50 講（改訂版）』（有斐閣・1979）

- 矢部丈太郎「不公正な取引方法の規制原理についての一考察－自由な競争と公正な競争との関係」厚谷襄兒先生古稀記念論集『競争法の現代的諸相（上）』（信山社・2005）
- 山部俊文「公正競争阻害性・再論」日本経済法学会編『不公正な取引方法規制の再検討』日本経済法学会年報第 30 号（通巻 52 号）
- 山本庸幸『要説不正競争防止法（第 4 版）』（発明協会・2006）、同『要説不正競争防止法（第 3 版）』（発明協会・2002）同『要説不正競争防止法（第 2 版）』（発明協会・1997）

- リ・イェン「英国、日本及び中国の詐称通用に関する比較研究」知財研紀陽 20 号（2011）
- 劉飛飛「周知商標の保護制度に関する比較法的考察　日・中法および条約等における無断登録出願の国際基準創設を目指して」龍谷大学大学院法学研究 12 号 51 頁（2010）

- 渡辺治「不当表示規制の運用状況」公正取引 256 号

- Andres de O. S. Moreira, Alberto J. Guerra Neto 著（Cristina Guerra 訳）「ブラジルにおける戦略的権利保護　－商標、意匠及び不正競争を中心に－」パテント 63 巻 12 号 39 頁

**外国参考文献：**

- Alexander Lelyuhin, Afederal law oh hosting Confederation Cuo 2017 and World Cup 2018 in Russia. An overview, state commitments and specific provision, Int. Sports Law J (2014) 14, pp72-81
- American Law Institute, RESTATEMENT OF THE LAW UNFAIR COMPETITION, 1995
- Andrew Griffiths, The Trade Mark Monopoly: An Analysis of the Core Zone of Absolute Protection under Art.5.1(a), [2007] IPQ 312
- Andrew Moss, The Olympics: A Celebration of Sport and the Role of Law, [2004] Ent. L.R. 237、
- Andrew M. Louw, AMBUSH MARKETING AND THE MEGA-EVENT MONOPOLY (2012)
- Asia-Pacific Economic Cooperation, RUSSIAN FEDERATION FEDERAL LAW ON PROTECTION OF COMPETITION (2012)

- Audrey Horton, The Implications of L'Oreal v Bellure – A Retrospective and a Looking Forward: The Essential Functions of a Trade Mark and when is an Advantage Unfair?, [2011] EIPR 550
- Australian Government, AUSTRALIAN CONSUMER LAW A GUIDE TO PROVISIONS, 2010
- Barrett, Margreth, A Cause of Action for "Passing Off/Associational Marketing, IP Theory: Vol. 1: Iss. 1 (2010),
- Christopher Morcom QC, L'Oreal v Bellure –Who Has Won?, 31EIPR 627 (2009)
- Christopher Morcom QC, L'Oreal v Bellure – The Court of Appeal reluctantly applies the ECJ ruling: L'Oreal SA v Bellure NV(2010) EWCA Civ 535, 32 EIPR 530 (2010)
- Christopher Wadlow, THE LAW OF PASSING-OFF (1990)
- Christopher Wadlow, THE LAW OF PASSING-OFF UNFAIR COMPETITION BY MISREPRESENTATION 2011
- Edward Vassallo, Kristin Blemaster and Patricia Werner, An International Look at Ambush Marketing, 22 I.P.J 87 (2010)
- Eleni Torova, Vangelis Alexandrakis, Panagiotis Skouris, THE OLYMPIC GAMES OF THE EUROPEAN UNION (2011)
- Felipe Dannemann Lundgren, Event Marks: A Necessary Form of Protection against Ambush Marketing?, (2010) http://oami.europa.eu/ （2012年12月15日確認）
- Friedrich-Karl Beier, Territoriality of Trademark Law and International Trade, 1 IIC 48 (1970)
- Friedrich-Karl Beier, Industrial Property and the Free Movement of Goods in the Internal European Market, 21 IIC 131 (1990)
- Frank I. Schechter, THE HISTORICAL FOUNDATIONS OF THE LAW RELATING TO TRADE MARK LAW (1925)
- Frank I. Schechter, The Rational Basis of Trademark Protection, 40 Harvard Law Review 813 (1927), Reprinted in 60 Trademark Reporter 334 (1970) （日本語訳として、フランクI.シェヒター著「商標保護の理論的根拠（The Rational Basis of Trademark Protection（published in 1927）」（日本商標協会誌68号　2009））
- Gillie Abbotts, London 2012- Advertising Buyers Beware, 22 Ent.LR 146 (2011)
- Hedvig K.S. Schmidt, Likelihood of Confusion' in European Trademarks -- Where are we now? , [2002] EIPR 463
- Helen Jefferson LenskyjJ, THE BEST OLYMPICS EVER? SOCIAL IMPACTS OF SYDNEY 2000, 2002
- Ilanah Simon, How Does 'Essential Function' Doctrine Drive European Trademark Law?, 36 IIC 401(2005)

- Ilanah Simon, Embellishment: Trade Mark Use Triumph or Decorative Disaster, [2006] EIPR 321
- Ilanah Simon, Nominative Use and Honest Practices in Industrial and Commercial Matters – A Very European History, [2007]IPQ 117
- Ilanah Simon, TRADE MARK LAW AND SHARING NAMES (2009)
- Ilanah Simon, TRADE MARK DILUTION IN EUROPE AND THE UNITED STATES (2011)
- IOC, 2020 CANDIDATURE PROCEDURE AND QUESTIONNAIRE (May, 2012)
- IOC, REPORT OF THE IOC 2020 EVALUATION COMMISSION GAMES OF THE XXXII OLYMPIAD (April, 2013)
- Jeremy Curthoys and Christopher N Kendall, Ambush Marketing and the Sydney 2000 Games (Indicia and Images) Protection Act: A Retrospective, 8 Murdoch University Electronic Journal of Law 2 (2001)
- Joel Smith and Nic Ruesink-Brown, High Court Grants Declarations if Fact on Whether Comparative Advertising Satisfied the Misleading and Comparative Advertising Directive, [2011] EIPR 528
- J. Thomas McCarthy, TRADEMARK AND UNFAIR COMPETITION second edition, 1984
- J. Thomas McCarthy, TRADEMARK AND UNFAIR COMPETITION, 2008
- Lionel Bently, Jennifer Davis and Jane C. Ginsbug, TRADE MARKS AND BRANDS, 2008
- Maria Ankoudinova and Valentin Petrov, Antitrust and Three Rising Giants –Part 2: Russia, [2008]I.C.C.L.R 365
- Max Planck Institute, STUDY ON THE OVERALL FUNCTIONING OF THE EUROPEAN TRADE MARK SYSTEM, 2012
- Molly Torsen, Intellectual Property and Sporting Events: Effective Protection of Event Symbols through Law and Practice （http://iipi.org/ 2012年12月15日確認）、
- Nancy A. Miller, Ambush Marketing and the 2010 Vancouver-Whistler Olympic Games: A Prospective View, 22 IPJ 75, 2009
- OECD Peer Review, COMPETITION LAW AND POLICY IN RUSSIA, 2004
- Owen J. Morgan, Ambush Marketing- New Zealand is in Search of Events to Host, [2008] EIPR 454
- Paul Garland and Victoria Wilson, Trade Marks: What Constitutes Infringing Use?, [2003] EIPR 373
- Paul Torremans, HOLLYOAK AND TORRESMANS INTELLECTUAL PROPERTY LAW 7TH EDITION, 2013

- Po Jen Yap, Making Sense of Trade Mark Use, [2007] EIPR 420
- Po Jen Yap, Honestly, neither Celine nor Gillette is Defensible [2008] EIPR 286
- Po Jen Yap, Essential Function of a Trade Mark: from BMW to O2, 31 EIPR 81 (2009)
- Plillip Johnson, AMBUSH MARKETING: A PRACTICAL GUIDE TO PROTECTING THE BRAND OF A SPORTING EVENT, EIPR practice series, 2007
- Phillip Johnson, AMBUSH MARKETING AND BRAND PROTECTION LAWS AND PRACTICE SECOND EDITION, 2011
- The American Law Institute, RESTATEMENT OF THE LAW UNFAIR COMPETITION, 1995
- United States Senate, AMATEUR SPORT ACT, HEARING BEFORE THE COMMITTEE ON COMMERCE, SCIENCE, AND TRANSPORTATION, NINETY-FIFTH CONGRESS, FIRST SESSION ON S. 2036

# 事項別索引

**【1984年】**
1984年ロスアンゼルスオリンピック ····14

**【2006年】**
2006年コモンウェルスゲーム ··············38
2006年FIFAワールドカップ
　（ドイツ開催） ·······································14

**【2010年】**
2010年FIFAワールドカップ
　（南アフリカ開催） ·······························14

**【2018年】**
2018年コモンウェルスゲーム ··············39

**【2020年】**
2020年東京オリンピック ·······················8,
　　　　　　　　　　　　　144,146,148

**【A】**
Australian Grand Prix Act 1994
　（Victoria） ············································51

**【C】**
Commonwealth Games Arrangements
　Act 2011 (Queensland) ·················39
Commonwealth Games
　Federation (CGF) ······················37,76

**【F】**
F1モデルカー用シール事件 ·····················4
FIFAワールドカップ ·····················8,33,72

**【G】**
General Law of World Cup
　(Law nr.12,663) ·····························35
Glasgow Commonwealth Games
　Act 2008 ······································41,64
Glasgow Commonwealth Games Act2008(b)
　(Games Association Right)order 2009 ···42

**【H】**
Homebush Motor Racing (Sydney 400)
　Act 2008 (New South Wales) ········52

**【L】**
London Olympic Games and
Paralympic GamesAct 2006 ·········27,28

**【M】**
Major Events Management Act
　2007 ·······························21,46,57,59
Major Sporting Events Act 2009
　(Victoria) ············································53
Melbourne 2006 Commonwealth
　Games (indicia and images)
　Protection Act 2005 ···········38,41,87

179

Motor Racing Events Act 1990 (Queensland) ……………………… 51

**[N]**

NFL (National Football League) スーパーボウル ……………… 54, 79
NFL スーパーボウル開催のための条例 … 54

**[O]**

Olympic Act (Law no.12035 of 1 October 2009) …………………… 31
Olympic and Paralympic Marks Act ……………………………… 26
Olympic Insignia Protection Act 1987 ……………… 20, 22, 84, 85, 87
Olympic Symbol etc. (Protection) Act 1995 ………………………… 27, 28
"On organization and holding of the XXII Olympic Winter Games and the XI Paralympic Winter Games 2014 in Sochi, the development of Sochi city as a mountain climate resort and the amendment of certain legislative acts of the Russia Federation" No.310-FZ ………… 29

**[P]**

POS 事件 …………………………… 4

**[R]**

Rolls - Royce 事件 ………………… 2

**[S]**

South Australia Motor Sport Act 1984 (South Australia) ………………… 50
Sui Generis Protection（特別な保護）… 20
Sydney 2000 Games (Indicia and images) Protection Act 1996 … 20, 23, 24, 43, 84, 85, 86, 151, 152

**[T]**

Ted Stevens Olympic and Amateur Sports Act ……………… 20, 44, 57, 58

**【あ行】**

アメリカ商標法（ランハム法）…………… 91
アメリカ統一欺瞞的取引慣行法 (Uniform Deceptive Trade Practice Act(UDTRA)) ………………… 94
イベント主催者 …………………… 44, 82
オーストラリア競争法 ……………………… 85
オーストラリアグランプリ （アデレード大会）…………………… 50
オーストラリアグランプリ （メルボルン大会）…………………… 51
オリンピック ……………………… 8, 21, 68

**【か行】**

開催国オリンピック委員会（National Olympic Committie (NOC)）………… 68
カナダ商標法 ……………………………… 95

関連させることによるアンブッシュ・マーケティング（ambush marketing by association） ……………15, 36, 48, 49
北朝鮮映画著作権事件 ………………6, 148
キャラクター ………………………2, 9, 17, 46
ギャロップレーサー事件 ……………………6
クイーンズランドにおける
　自動車レース ……………………………51
クイックルック事件 ………………………4
景品表示法 ………………………………130
景品表示法4条1項 …………………………132
国際オリンピック委員会（IOC）……14, 21, 25, 26, 29, 44, 45, 120
国際サッカー連盟（FIFA）………………14
コモンウェルスゲーム（Commonwealth Games）……………………………37, 76

【さ行】

シドニーにおける自動車レース …………52
出所 ……………………4, 5, 92, 93, 102, 122, 138, 146, 147
出所表示機能 ……4, 5, 9, 32, 37, 43, 57, 121, 122, 138, 146, 156, 158, 162, 163
商標法 …………4, 5, 6, 7, 45, 106, 120, 122, 137, 147, 149, 162, 163
ジングル ……………………………………2
侵入によるアンブッシュ・マーケティング
（ambush marketing by intrusion）…15, 36, 48, 50
スローガン・キャッチコピー ………………2

赤十字標章及び名称等の使用の制限に
　関する法律 ……………………………147

【た行】

大規模スポーツイベントのための州法 ……53
中華人民共和国国務院オリンピック・
　シンボル保護条例 ……………………25
中国反不正当競争法 ……………………101
著作権法 ……………………………6, 83
堤人形事件 ……………………………………5
テレビまんが事件 …………………………4
ドイツ不正競争防止法 …………………100
当該国のコモンウェルスゲーム協会
　（CGA）…………………………………77
ドーナツクッション事件 ………………4, 5
独占禁止法 ………………………………133

【な行】

ナイロビ条約 ………………………21, 57
ネーム ……………………………………2, 9

【は行】

パッケージ ………………………………2, 9
パッシングオフ（Passjinng Off）………89
パブリシティ権 ……………………………6
パリ条約10条の2 ………………………104
ピンクレディー振付け事件 ………………6
不公正な取引方法 ………133, 134, 135, 136
不正競争防止法2条1項1号 ……………4, 120
不正競争防止法2条1項2号 ……………4, 120

不正競争防止法 2 条 1 項 13 号 ………… 123

不正競争防止法 17 条 ……………… 120

不正商業行為に関する欧州指令（Unifair Commercial Practice Directive 2005/29/EC (11May.2005)) ……… 98

ブラザーインクリボン事件 …………… 4

ブラジル産業財産法 ……………… 102

フランス不正競争法 ……………… 100

ブランド ……………… 2, 3, 7, 47, 55, 100

ブランド保有者 ……………… 2, 4, 5, 7

北京市オリンピック知的財産権保護規定

……………………………………… 26

ベレッタ事件 ……………………… 5

墨汁 Peacock 事件 ………………… 5

### 【ら行】

ロゴ・シンボル ……………… 2, 3, 52

ロシア競争法 ……………………… 88

# 判例年月日別索引

●日本判例

**<昭和35年>**

| 4/6 | 最判 | 刑集14-5-525 | ………………………………………………157 |

**<昭和38年>**

| 5/29 | 東京高判 | 東京高裁（民事）判決時報14-5-142・判時342-17・判タ146-90 | ライナービヤー事件……………………………124 |

**<昭和39年>**

| 6/16 | 最判 | 民集18-5-774 | 墨汁Peacock事件…………………………………5 |

**<昭和44年>**

| 12/24 | 最大判 | 刑集23-12-1625 | ………………………………………………6 |

**<昭和51年>**

| 2/24 | 大阪地判 | 無体裁集8-1-102・判時828-69・判タ341-294 | POPEYEティシャツ事件……………………121 |

**<昭和53年>**

| 3/22 | 最判 | 刑集32-2-316 | 清酒特級表示事件…………………………124 |

**<昭和55年>**

| 7/11 | 東京地判 | 無体裁集12-2-304 | テレビまんが事件……………………………4 |

**<昭和56年>**

| 2/25 | 東京高判 | 無体裁集13-1-134(原審：東京地判S55/1/28 無体裁集12-1-1) | 香りのタイプ事件……………………………127 |

**<昭和59年>**

| 5/29 | 最三小判 | 民集38-7-920・判時1119-34・判タ530-97 | フットボールチーム・シンボルマーク事件…121,146 |

**<昭和63年>**

| 2/16 | 最三小判 | 民集42-2-27 | ………………………………………………6 |
| 9/16 | 東京地判 | 無体裁集20-3-444 | POS事件……………………………………4 |

**<平成2年>**

| 4/25 | 京都地判 | 判時1375-127 | 本みりんタイプ調味料事件…………………124 |

**<平成4年>**

| 2/12 | 仙台高判 | 判タ793-239 | アースベルト事件……………………………125 |

**<平成5年>**

| 11/19 | 東京地判 | 判タ844-247 | F1モデルカー用シール事件…………………4 |

## <平成6年>

| | | | |
|---|---|---|---|
| 11/30 | 東京地判 | 判時1521-139 | 京の柿茶事件 …………………………………………125 |

## <平成12年>

| | | | |
|---|---|---|---|
| 12/1 | 大阪高判 | | 葬儀業積立金事件 ………………………………………128 |

## <平成14年>

| | | | |
|---|---|---|---|
| 1/24 | 東京地判 | 判時1814-145・判タ1120-282 | 図書券事件 ………………………………121,138,146 |
| 12/27 | 東京地判 | 裁判所ウェブサイト | ペプチド事件 ……………………………………………126 |

## <平成15年>

| | | | |
|---|---|---|---|
| 3/26 | 東京高判 | 裁判所ウェブサイト | インディアンモーターサイクルティシャツ事件…121,147 |
| 10/29 | 東京高判 | (原審：東京地判 H12/6/29 判時1728-101) | ベレッタ事件 ………………………………………………5 |

## <平成16年>

| | | | |
|---|---|---|---|
| 2/13 | 最判 | 民集58-2-311 | ギャロップレーサー事件 …………………………………6 |
| 5/7 | 前橋地判 | 判時1904-139（控訴審：東京高判H16/10/19判時1904-128) | コジマ店頭表示事件 ……………………………………127 |

## <平成17年>

| | | | |
|---|---|---|---|
| 1/13 | 東京高判 | (原審：東京地判 H16/6/23 判時1872-109) | ブラザーインクリボン事件 ………………………………4 |
| 7/5 | 大阪高判 | 裁判所ウェブサイト | 関西国際空港新聞販売取引拒絶事件 ………135 |
| 11/10 | 最一小判 | 民集59-9-2428 | …………………………………………………………………6 |

## <平成18年>

| | | | |
|---|---|---|---|
| 10/18 | 知財高判 | | キシリトールガム事件 …………………………………124 |
| 11/10 | 富山地高岡支判 | 判時1955-137（控訴審：名古屋高金沢支判H19/10/24) | 氷見うどん事件 …………………………………………125 |

## <平成19年>

| | | | |
|---|---|---|---|
| 1/30 | 大阪地判 | 判時1984-86（控訴審：大阪高判H19/10/2判タ1258-310) | ピーターラビット著作権表示事件 ……125,152 |
| 11/28 | 知財高判 | 裁判所ウェブサイト(原審：東京地判H19/5/31) | オービックス事件 ………………………………………158 |
| 11/28 | 東京高判 | 判時2034-34・公正取引委員会審決集54-699 | ゆうパック事件 …………………………………………135 |

## <平成20年>

| | | | |
|---|---|---|---|
| 1/31 | 仙台地判 | 判タ1299-283 | 堤人形事件 …………………………………………………5 |

| 2/7 | 大阪地判 | 裁判所ウェブサイト | タイアップ広告表示事件 …………122,138,146 |

<平成 21 年>

| 6/25 | 知財高判 | 判時 2051-128・判タ 1309-267 | 忠臣蔵事件 ……………………………………122,147 |

<平成 23 年>

| 3/17 | 知財高判 | 判時 2117-104・判タ 1377-204 | JIL 事件 ……………………………………122,138,147 |
| 3/28 | 知財高判 | 判時 2120-103（原審：東京地判 H22/10/21 判時 2120-112） | ドーナツクッション事件 …………………………4,5 |
| 3/30 | 東京地決 | | ドライアイス仮処分事件 ……………………135 |
| 5/16 | 東京地判 | | クイックルック事件 …………………………………4 |
| 10/11 | 東京地判 | 裁判所ウェブサイト | マイケル・ジャクソン商品化許諾表示事件 …126 |
| 12/8 | 最判 | 民集 65-9-3275 | 北朝鮮映画著作権事件 ……………………6,148 |
| 11/8 | 宇都宮地判太田原支判 | 公正取引委員会審決集 58巻第二分冊 248 頁（控訴審：東京高判 H24/4/17公正取引委員会審決集 59巻第二分冊 107 頁） | バスの区間無料運行事件 ……………………135 |
| 12/15 | 大阪地判 | | ゴールドグリッター事件 ………………127,147 |

<平成 24 年>

| 2/2 | 最一小判 | | ピンクレディ振付け事件 ………………………6 |
| 7/31 | 東京地判 | 裁判所ウェブサイト | Balcony & Bed 事件 …………121,138,146 |
| 11/8 | 大阪地判 | 裁判所ウェブサイト | 巻き爪矯正具事件 ……………………………125 |

<平成 25 年>

| 3/28 | 知財高判 | 裁判所ウェブサイト | 電子ブレーカ事件 ……………………………125 |
| 7/18 | 大阪地判 | 裁判所ウェブサイト | TV 番組フォント事件 ………………………148 |
| 11/26 | 東京地判 | 裁判所ウェブサイト | データ消去ソフト認定マーク事件 …122,138,147 |

<平成 26 年>

| 5/29 | 知財高判 | 裁判所ウェブサイト | 3 億円稼いだ秘術教えます事件 ……………135 |

●外国判例

■アメリカ

Popeil Brothers Inc v. Morris, doing business as N.K.Morris Manufacturing Co., et al (176 USPQ353(1972)) ……………………………………………………………………91

Dallas Cowboys Cheerleaders Inc. v. Pussycat Cinema, Ltd and Michael Zaffarona(604 F.2d 200 (2d Cir. 1979)) ……………………………………………93

Stop The Olympic Prison v. United States Olympic Committee (489 F. Supp 1121 (SDNY 1980)) ……………………………………………………………45

International Olympic Committee et al v. San Francisco Arts & Athletics
　et al 219 USPQ 982（1982）･･････････････････････････････････････････････････45
United States Olympic Committee v. International Federation of
　Bodybuilders, et al 219USPQ 353 (1982) ･･････････････････････････････････45
Inwood Laboratories. Inc. et al v. Ives Laboratories (456 US 844 (1982))･･････････92
University of Georgia Athletic Association, etc. v. Bill Laite
　(756 F. 2d 1535 (11th 1985)) ･･･････････････････････････････････････････････93
San Francisco Arts & Athletics, Inc., et al v. United States
Olympic Committee et al 483 US 522（1987）････････････････････････････････46
Bonito Boats, Inc v. Thunder Craft Boats Inc., 489 U.S.141 (1989) ･････････････92
Boston Athletic Association, et al v. Sullivan, etc., et al 867 F.2d 22 (1st Cir. 1989)････93
Mastercard International Inc. v. Sprint Communication Co.
　1994 WL 97097(S.D.N.Y) ･･････････････････････････････････････････････････94
Dastar Corp v. Twentieth Century Fox Film Corp. et al (539 US 23 (2003))･･････92,93
Schlotzaky's Ltd. v. Sterling Purchasing and
　National Distribution Inc. 520 F.3d 393 (5th Cir. 2008) ･････････････････････92

■イギリス
Arsenal v. Reed ([2001]ETMR 77; [2001] RPC 46) ････････････････････････････90
Rugby Football Union v. Cotton Trader ([2002]EWHC 467: [2002] ETMR 76) ･･････90

■カナダ
Visa International Service Association v. Visa Motel Co (40 CPR (2d)
　245 (British Columbia Supreme Court 1978))････････････････････････････････89
National Hockey League v. Pepsi-Cola Canada Ltd.(92 DLR (4th) 349;
　42 CPR(3d) 390 (British Colombia Supreme Court 1992))･････････････････････90

■ドイツ
ドイツ連邦通常裁判所1982年12月9日判決［Rolls-Royce事件］
　(ICC Vol.15 pp240-242)･････････････････････････････････････････････････････2

## アンブッシュ・マーケティング規制法
── 著名商標の顧客誘引力を利用する行為の規制 ──

平成28年1月5日　初版第1刷発行


著　者　足立　勝

発行者　株式会社　創耕舎


発行所　株式会社　創耕舎
〒162-0801　東京都新宿区山吹町350　鈴康ビル203
TEL　03-6457-5167
FAX　03-6457-5468
URL　http://soko-sha.com/

〈検印省略〉

Ⓒ2016 Printed in Japan　　印刷・製本　モリモト印刷株式会社
・定価はカバーに表示してあります。
・落丁・乱丁はお取り替えいたします。　　ISBN978-4-9906515-9-6　〈C3032〉